Collection « Horizons spirituels »

Une vision objective du monde moderne révèle l'existence d'un malaise profond dû en grande partie à l'impuissance des systèmes politiques, économiques et religieux à résoudre les problèmes fondamentaux de l'homme. Faire le procès de l'actuelle civilisation décadente et chaotique serait évidemment bien stérile, et ce piège est à éviter avec soin. Tenons-nous plutôt à l'écoute de nous-même, de nos aspirations légitimes à une vie non plus axée vers la destruction mais vers l'épanouissement et la plénitude de l'être. **Vivons et agissons** dans cette perspective d'une société nouvelle où notre vraie nature puisse enfin s'exprimer et se déployer. Cette mutation profonde est devenue pressante.

Cette collection, s'appuyant sur les valeurs traditionnelles authentiques et sur des auteurs offrant de partager mieux qu'un savoir intellectuel, un **savoir intégré à un vécu,** propose justement un choix d'orientations spirituelles très diverses, aptes à éveiller ou à développer notre esprit de réflexion et nos facultés créatrices. Elle vous guidera dans votre quête de nouvelles valeurs de remplacement et vous apportera un matériau vivant, directement utilisable en vue d'une transformation profonde selon votre propre personnalité.

Collection « HORIZONS SPIRITUELS »
(chez le même éditeur)
dirigée par Marie-Béatrice JEHL

Georges Brunon : **L'Art et le vivant, éveil à la création.**
Mantak Chia : **Énergie vitale et autoguérison.**
J.-C. Cooper : **La Philosophie du Tao.**
Dr Rüdiger Dahlke : **Mandalas : comment retrouver le Divin en soi.**
V.-R. Dhiravamsa : **La Voie du Non-attachement.**
V.-R. Dhiravamsa : **L'Attention, source de plénitude.**
E.-S. Gallegos et T. Rennick : **L'Imagination active.**
Khalil Gibran : **La Voie de l'éternelle sagesse.**
Khalil Gibran : **L'Esprit rebelle. L'appel du Prophète.**
Christmas Humphreys : **Concentration et méditation.**
John Pepper : **Être heureux, c'est possible...**
André Protin : **Aïkido, un art martial, une autre manière d'être.**
Bhagwan Shree Rajneesh : **La Méditation dynamique.**
Bhagwan Shree Rajneesh : **L'Éveil à la conscience cosmique.**
Mouni Sadhu : **La Maîtrise du Mental.**
Jean-Claude Sapin : **L'Art du T'ai-chi-chuan.**
Jean-Philippe Schlumberger : **Yi king, principes, pratique et interprétation.**
René Sidelsky : **Le pouvoir créateur de votre pensée pour réussir votre vie.**
Alan W. Watts : **L'Esprit du Zen.**
Dr Josephine Zöller : **Qi Gong : exercices énergétiques de santé.**

l'esprit rebelle

collection "horizons spirituels"

AUTRES OUVRAGES DU MEME AUTEUR
(en français)

La Voix de l'éternelle Sagesse (Editions Dangles).
Le Prophète (Casterman).
Le Jardin du Prophète (Casterman).

Khalil GIBRAN

l'esprit rebelle

l'appel du prophète

Traduit de l'anglais par Ghislaine Berger

Dessins originaux de l'auteur

27e mille

Éditions Dangles
18, rue Lavoisier
45800 ST-JEAN-DE-BRAYE

TITRE ORIGINAL :

SPIRITS REBELLIOUS

Première publication en langue anglaise : 1949

Edition française :

ISBN : 2-7033-0214-2
ISSN : 0397-4197

Wardé El-Hani,
la liberté d'aimer

1

O combien malheureux l'homme qui soudain apprend que l'épouse aimée — dont il s'efforçait d'acheter le cœur, le jour par le labeur, la nuit par la vigilance — a offert ses secrets intimes et son amour ardent à un autre, qui ainsi connaît la félicité.

O combien malheureuse la femme qui, au terme de son insouciante jeunesse s'éveillant, voit son époux lui accorder tous les honneurs et les avantages d'une vie somptueuse, hélas ! sans faire ruisseler en son cœur l'immortel breuvage d'amour après lequel elle soupire.

Rachid bey Nu'man était mon ami depuis les jours de ma jeunesse. Le Liban était sa patrie, la cité de Beyrouth son lieu de naissance et de résidence. Il descendait d'une famille fortunée, au long passé, réputée de surcroît pour son attachement à la mémoire des gloires anciennes. Il aimait, au reste, à raconter ses nobles ancêtres. Dans sa vie quotidienne, il respectait leurs coutumes et leurs traditions. Elles étaient pour lui une manière de refuge au sein de cet univers d'Orient où les us et les modes de l'Occident venaient assombrir le ciel comme des volées d'oiseaux.

Rachid bey était bon et généreux par nature. Seulement, à l'instar de maint homme de Syrie, il ne discernait des choses que leur apparence, non point ce qu'elles cèlent. Les mélodies de son âme n'atteignaient pas ses oreilles. De fait, il n'exerçait sa sensibilité que sur les voix de son entourage. Il aimait à se divertir par les choses sans importance, celles même qui ferment les yeux aux secrets de la vie et empêchent l'esprit de comprendre les mystères de la création, au seul profit des plaisirs fugitifs. Rachid bey était de ceux qui, promptement, avouent leur amour ou leur haine, et plus tard se repentent de leur hâte — en un temps, hélas, où leur repentir, déjà devenu objet de moquerie et de dédain, n'incite plus guère au pardon et à l'indulgence. Ce furent ces traits de son caractère qui l'engagèrent à épouser Wardé El-Hani à la hâte, sans attendre que leurs deux âmes se fussent étreintes à l'ombre du véridique amour, à défaut duquel la vie conjugale ne saurait s'écouler dans la félicité.

Quand après de longues années d'absence de Beyrouth je revis Rachid, il avait le visage émacié et le teint pâle. Sur ses traits tirés se jouaient les ombres de l'affliction ; ses yeux tristes parlaient de cœur brisé et de poitrine oppressée. Je commençai par chercher l'explication de son étiolement et de sa détresse en certaines choses de son entourage, sans succès toutefois. A la fin, je le priai de m'éclairer, disant : « Ami, confie-moi la cause de ta douleur ; apprends-moi pourquoi s'en est allé le bonheur de ta jeunesse, la joie qui jadis éclatait comme un soleil sur ton visage. La mort t'aurait-elle arraché une personne chère ? Ou bien la nuit noire ravi ce que dans le jour tu avais amassé ? Je t'en conjure, par l'amitié qui nous lie, dis-moi ce chagrin qui t'accable, ce mal qui te ronge. »

Dans le regard qu'il fixa sur moi, je crus discerner le passage du souvenir des jours heureux mais, bien rapidement, la mémoire l'en effaça. D'une voix qui, à elle seule, traduisait l'ampleur de sa misère, de son désespoir, il me raconta alors :

« Quand on perd un ami, de voir à l'entour ceux qui restent nous conforte et nous console. Quand on perd sa fortune, l'on y songe un certain temps. Puis, sachant que les efforts qui nous ont assuré l'opulence viendront encore nous secourir, l'on oublie. Mais, quand on perd la paix de l'esprit où l'aller quérir ? Par quoi la remplacer ? Quand la Mort étend son bras pour nous frapper avec violence et nous blesser, passés un jour et une nuit la Vie revenue nous prodigue déjà ses douces caresses. Alors, allègrement on rit. Le destin vient sur nous sans crier gare, posant sur nous de gros yeux effrayants. Il nous saisit par la gorge, nous jette à terre, puis nous piétine sauvagement. Cependant, quoique parti en ricanant, il sera bientôt de retour, cherchant à se faire pardonner. D'une main délicate il nous relève, chantant à notre adresse l'hymne de l'espoir. Les ombres nuitales apportent avec elles toutes sortes d'afflictions et de tourments. Au point du jour, néanmoins, elles retournent au néant, nous laissant avec des résolutions et de fermes espérances. Quand, hélas ! le destin nous a fait adorer un oiseau que nous nourrissons par le cœur et faisons boire à l'éclat de nos yeux, dont la cage sont nos côtes et le nid notre âme ; et qu'un jour, étant à le contempler, à caresser avec tendresse son plumage, on le voit soudain qui s'envole, monte très haut dans l'éther et, une fois redescendu, qui rejoint une autre cage à jamais, que faire mon ami ? Où trouver patience et consolation ? Comment raviver en soi l'espoir ? »

Ces derniers mots, Rachid bey les prononça d'une voix étranglée, le corps tremblant à la manière d'un roseau au passage du vent. Il étendit ses bras comme s'il voulût happer je ne sais quoi de ses doigts recourbés, afin de le pouvoir réduire en morceaux. Le sang monté à sa face donna à sa peau une teinte foncée ; ses yeux s'exhorbitèrent et ses sourcils se figèrent. On eût dit qu'il voyait apparaître devant lui un esprit maléfique, surgi du néant dans le dessein de lui ravir la vie. Puis, il se tourna vers moi et sa physionomie changea : la rage et la colère dans son corps miné cédèrent à l'anxiété et à la douleur. Les yeux ruisselants de larmes, il me dit :

« Cet oiseau, c'est la femme que j'ai sauvée des griffes de l'indigence et de l'esclavage, à qui j'ai ouvert les coffres de mes trésors. Toutes ses amies enviaient ses magnifiques robes et ses bijoux sans prix, ses voitures et ses chevaux fougueux. La femme que j'aimais — au pied de qui je déversais mon affection, dont j'étais l'ami empressé, le compagnon sincère et le mari fidèle — cette femme m'a trahi. Elle m'a quitté pour un autre. A présent, elle consomme ses jours dans la pauvreté, mange le pain de la honte et boit l'eau du déshonneur et de la disgrâce. C'est elle que j'aimais. L'oiseau gracieux qui mangeait de mon cœur et buvait à l'éclat de mes yeux, pour qui mes côtes étaient une cage et mon âme un nid, s'est échappé de ma main. Il s'en est allé dans un autre nid, un nid d'épines, où il mange des vers et des chardons, boit le poison de l'amertume. L'ange que j'abritais au paradis de mon amour et de ma tendresse n'est plus qu'une redoutable créature de l'ombre, où son péché la tourmente, mais d'où elle vient aussi bien me tourmenter avec son crime. »

A ce point, Rachid se tut et de ses mains se couvrit le visage comme si, par son geste, il voulut se protéger contre cet autre lui-même. Il demeura ainsi un court instant ; après quoi il dit dans un soupir : « Voilà tout ce que je puis te dire. Ne me demande rien autre. Et que ta voix ne s'élève point pour déplorer mon infortune. Peut-être que la laissant inexprimée, elle me quittera et qu'en mon âme je retrouverai paix et sérénité. »

Je me levai, les yeux débordants de larmes, le cœur serré de compassion. En silence je pris congé de lui car, de tous les mots que j'eusse trouvés, aucun n'aurait pu être un baume à ses blessures et rien que je susse n'aurait pu disperser la mélancolie dans son âme.

2

A quelques jours de là, dans une humble demeure entourée d'arbres et de fleurs, je rencontrai Wardé El-Hani pour la première fois. Elle avait entendu prononcer mon nom dans la maison de Rachid bey, cet homme dont elle avait saccagé le cœur et qu'elle avait abandonné mourant sous les durs sabots de l'existence. Quand je vis ses yeux rayonnants et que j'entendis sa douce voix, je devins aussitôt songeur, me disant : « Est-il possible qu'en cette femme la vilenie puisse se tapir ? Que cette face si transparente puisse cacher une âme laide et un vilain cœur ? Est-ce bien elle la femme infidèle ? Celle que maintes fois j'ai blâmée et imaginée comme un serpent se cachant sous le plumage d'un oiseau de rare beauté ? » Cependant, très vite je balayai mes doutes, murmurant à part moi : « Qui d'autre que cette femme aux traits si délicats serait cause du malheur de Rachid bey ? N'avons-nous donc jamais entendu dire, ou nous-mêmes vu, que beauté apparente est parfois responsable de mainte calamité ignorée pourtant terrible, d'affliction profonde et douloureuse ? La lune qui inspire les poètes, n'est-ce point elle qui rompt aussi bien le calme des eaux par le flux et le reflux ? »

Wardé m'invita à m'asseoir près d'elle. Elle fit reposer sa tête dans sa blanche main puis, comme si elle eût deviné le monologue de ma pensée et qu'elle voulût abréger mes instants de perplexité, elle parla de sa voix flûtée, disant :

« Ami, quoique te voyant aujourd'hui pour la première fois, l'écho de tes pensées et de tes rêves est déjà venu à mes oreilles par la bouche de diverses gens. Je te sais compréhensif à l'égard de la femme opprimée. Tu compatis à sa vulnérabilité et admets ses sentiments et émotions. Souffre, en conséquence, que je te confie l'intimité de mon cœur de sorte que, la comprenant, tu puisses dire à chacun que Wardé El-Hani n'est pas femme vile et perfide. »

« J'avais dix-huit ans à peine quand le destin me fit rencontrer Rachid bey Nu'man qui, en ce temps, approchait de la quarantaine. Il se prit d'amour pour moi et, pour reprendre l'expression populaire, ses intentions à mon égard étaient honorables. Il fit de moi son épouse et dans sa splendide demeure mit à ma disposition la foule de ses valets et serviteurs ; il couvrit mon corps de soiries et agrémenta ma tête, mon cou et mes poignets de toutes sortes de bijoux et pierres précieuses. Dans la demeure de ses amis et connaissances il m'emmenait, m'exhibant comme un objet rare et singulier. Chaque fois qu'il voyait se poser sur moi un regard étonné ou admiratif, un sourire triomphant se dessinait sur ses lèvres. Quand les femmes de ses amis tenaient sur moi des propos élogieux ou parlaient de moi avec affection, il redressait fièrement sa tête. Mais quelqu'un demandait-il : « Wardé El-Hani est-elle la femme de Rachid bey ou bien une enfant qu'il aurait adoptée ? » Ou : « Rachid bey se fût-il marié jeune, son fils aîné serait à présent plus âgé que Wardé El-Hani ! », il faisait mine de ne pas entendre. »

« Tout cela advint avant que je m'éveillasse du profond sommeil de l'adolescence et que Dieu embrasât mon cœur d'amour ; avant que la semence d'affection et de tendresse germât en mon sein. Oui, tout cela se passa en un temps où j'étais persuadée que le bonheur suprême était de posséder de splendides robes, de magnifiques demeures, d'élégantes voitures. Or, quand à mon éveil je sentis le feu sacré brûler en mon cœur, la faim spirituelle me tourmenter l'âme, que mes yeux se dessillèrent et que voulant m'envoler là-haut dans le firmament d'amour, je vis mes ailes battre faiblement puis se replier tremblantes sous le joug de cette loi qui m'avait enchaînée à un homme en un temps où j'ignorais jusqu'à sa portée, il m'apparut aussitôt que le bonheur d'une femme n'était assuré ni par la renommée et la noblesse d'un époux, ni par sa générosité et sa bienveillance. Je compris qu'il était dans l'amour quand il unit deux âmes et deux cœurs pour ne former qu'un membre unique du corps de la Vie, un seul mot sur les lèvres de Dieu. Lorsque cette douloureuse vérité s'affirma en mon esprit, je me sentis dans la maison de Rachid bey Nu'man comme une criminelle volant son pain pour l'aller manger en cachette dans les recoins sombres et hospitaliers de la nuit. Je sus que chaque heure que je passerais désormais à ses côtés serait un odieux mensonge, que la honte imprimerait sur mon front en lettres de feu au regard du ciel et de la terre. Je ne pus me résigner ni à échanger mon cœur contre sa prodigalité ni à troquer mon amour et ma tendresse contre sa bonté et sa sincérité. Je m'efforçai de l'aimer, sans résultat. Car l'amour est une force qui anime nos cœurs, mais qu'eux-mêmes sont impuissants à susciter. Dans le silence de la nuit je priai, implorant Dieu qu'il créât en moi une affinité spirituelle me rapprochant de l'homme qu'on m'avait choisi pour époux. »

« Mais le Ciel resta muet, car l'Amour descend sur nous par ordre de Dieu, non point à notre demande ou supplique. Deux années pleines je dus passer en la demeure de cet homme, enviant aux oiseaux des champs leur liberté, tandis que mes amies enviaient ma captivité. Comme pleure une mère au chevet de son fils mourant, je pleurais mon cœur né de la connaissance et qui, las de la coutume et de la loi, s'étiolait jour après jour de ne pouvoir apaiser sa faim et sa soif spirituelles. »

« Arriva enfin le jour où, au-delà des nuages menaçants de mon ciel, mes yeux aperçurent une douce lumière briller dans les yeux d'un jeune homme qui marchait seul sur les grands chemins de la vie. A cette lumière je fermai aussitôt mes paupières, disant à part moi : « Ton lot, ô mon âme, sont les ténèbres de la mort. Ne convoite point, en conséquence, la clarté ! ». Puis, comme je prêtais l'oreille, j'entendis une mélodie suave, descendue du ciel, et dont la pureté ravivait mon cœur défaillant. Me bouchant les oreilles, je me dis : « Ton lot, ô mon âme, est d'écouter les rugissements de l'abîme. Ne convoite point, en conséquence, les chants célestes. » Je fermai les yeux pour ne pas voir, et les oreilles pour ne pas entendre. En vain. La douce lumière filtrait à travers mes paupières closes et les mélodies célestes me restaient audibles malgré mes oreilles fermées. Ma réaction fut d'abord la frayeur. J'étais comme un mendiant qui, trouvant un bijou rare proche du palais de l'Emir, à la fois n'ose pas le ramasser et ne peut s'en empêcher du fait de son indigence. Je pleurai les larmes d'un assoiffé qui, voyant un puits, s'en voit interdire l'approche par les bêtes féroces qui l'entourent. »

A ce point, Wardé se tut. Elle garda ses yeux fermés un instant, comme si ce passé évoqué elle ne le pouvait regarder momentanément en face. Puis, poursuivant, elle dit : « Ceux qui retournent à l'infini sans avoir goûté aux délices de la véridique vie, comment comprendraient-ils le déchirement d'une femme prise entre l'homme qu'elle aime par la volonté de Dieu et celui à qui l'ont unie les lois humaines ? C'est une manière de tragédie qu'elle écrit avec son sang et ses larmes et que, dans son ignorance, l'homme lit en se moquant. Et si d'aventure, il la comprend, son rire aussitôt se fige et sa langue devient acerbe et sarcastique. De colère il charge la tête de la femme de charbons ardents et lui crie dans les oreilles force blasphèmes et malédictions. C'est une tragédie qu'improvisent les nuits obscures sur la scène de l'âme de toute femme du jour où elle se voit attachée à la couche d'un homme devenu son époux avant même qu'elle comprît ce que Dieu entendait par le mariage ; du jour où elle surprend son âme à errer autour de l'homme qu'elle aime d'un amour beau et pur. C'est une tourmente effroyable qui dure depuis que la femme est faible et l'homme fort, et qui se prolongera jusqu'au temps où le fort aura fini d'exercer son emprise sur le faible. C'est un combat qui oppose les lois corrompues de l'homme aux sentiments et desseins sacrés du cœur. Sur pareil champ de bataille, je gisais hier encore. Mais réunissant ce qu'il me restait de forces, j'ai brisé les fers de la lâcheté et secoué de sur mes ailes la faiblesse et la soumission. J'ai volé dans le vaste ciel d'amour et de liberté. »

« Aujourd'hui, je suis avec l'homme que j'aime. Lui et moi avons jailli de la main de Dieu comme la flamme d'un flambeau unique, bien avant que le monde fût. Aucune force terrestre ne me ravira mon bonheur qui est né de l'étreinte de deux âmes unifiées par la compréhension et protégées par l'amour. »

Ayant ainsi parlé, Wardé me regarda fixement. Son regard semblait fouiller mon cœur dans le dessein d'y lire l'effet de ses paroles et d'entendre leur écho au dedans de moi. Mais je ne disais mot, de crainte qu'elle n'interrompît son récit.

Après un court instant elle poursuivit, sur un ton à la fois doux et amer : « Les gens te raconteront que Wardé El-Hani est une femme perfide et sans foi ; qu'en quittant l'homme qui l'a élevée à son rang et fait d'elle la maîtresse de sa maison, elle n'écoutait que ses viles inclinations. Ils te diront qu'elle est une femme infidèle et de mauvaises mœurs, qui a détruit la couronne sacrée du mariage de ses mains impures pour la remplacer par celle, repoussante, tressée avec des épines diaboliques. Ils te diront qu'elle a dédaigné les habits de la vertu et revêtu ceux de la honte et du péché. Tout cela, ils te le raconteront — et plus encore — car le spectre de leurs ancêtres n'a pas fini de s'agiter en eux. A l'instar de ces cavernes de montagne à l'abandon, ils reprennent en écho des mots dont ils ne saisissent point le sens. Ils ne comprennent rien à la loi de Dieu ni, au reste, à la véridique foi. Il leur manque le discernement car, s'arrêtant aux apparences, les choses secrètes leur échappent. Ils prononcent des sentences par ignorance et jugent en aveugles, confondant le coupable et l'innocent, le bien et le mal. Malheur à ceux qui traquent et jugent ainsi leur prochain. »

« Rachid bey Nu'man ayant fait de moi son épouse conformément aux traditions et aux coutumes, et à la hâte, sans attendre que le Ciel m'unît à lui selon la loi de l'esprit, par l'Amour et la Tendresse, j'étais dans sa demeure une femme perfide et infidèle au regard de Dieu. Oui, aux yeux de Dieu et aux miens, j'étais une pécheresse quand, mangeant de son pain, je lui accordais en retour l'usage de mon corps. A présent que la loi d'Amour m'a libérée, je suis pure et sans tache. Je suis une femme fidèle depuis que j'ai cessé de vendre mon corps pour un abri et mes jours pour des vêtements. Au temps où les gens me considéraient comme parfaitement vertueuse, j'étais une femme de mauvaises mœurs. Maintenant qu'ils m'estiment être une femme perverse, je suis par contre noble et pure d'esprit. De fait, ils ont accoutumé de juger l'âme suivant des réalités physiques ; de mesurer l'esprit avec des unités de matière. »

A ce point, Wardé dirigea son regard vers la fenêtre. Levant la main droite, elle pointa un doigt en direction de la cité. Et comme si, autour des demeures là-bas, elle vît errer les fantômes de la corruption et rôder l'ombre de la lâcheté, sa voix s'éleva pleine de répugnance et de dédain.

« Regarde ces merveilleuses villas et ces majestueux palais, dit-elle, où demeurent les riches et les autorités du pays. Entre leurs murs recouverts de magnifiques fresques, la traîtrise voisine avec l'hypocrisie ; et sous les plafonds agrémentés d'or fondu habitent la fausseté et le mensonge. Vois ces prodigieuses constructions : elles parlent de renommée, de puissance et de chance et n'hébergent pourtant rien autre que l'infortune et la détresse. Ce sont des sortes de tombeaux où la femme, impuissante, dissimule son désappointement derrière le maquillage de ses yeux et le rouge artificiel de ses lèvres. Dans les coins, sous l'or et l'argent étincelants, se cachent l'égoïsme et la brutalité. Ces splendides murs qui se dressent ainsi fièrement, l'odeur nauséabonde du mensonge et de la tromperie leur parviendrait-elle, qu'aussitôt ils se lézarderaient et s'écrouleraient. Le villageois indigent les contemple, les larmes aux yeux. S'il savait que le cœur de leurs habitants n'abrite pas une once de l'amour et de la tendresse dont est imprégné le cœur de sa compagne, ses lèvres esquisseraient un sourire de dédain, et il retournerait à ses champs le cœur gros de pitié. »

Wardé me prit alors la main, m'emmenant près de la fenêtre, où elle me dit : « Je vais te révéler les secrets de ceux à qui je ne voulais point ressembler. Vois-tu, là-bas, ce palais aux hautes colonnes de marbre et aux larges baies vitrées ? Il y vit un homme riche qui tient sa fortune d'un père avare et qui s'est initié à la vie en des lieux de débauche. Il y a deux ans, il a épousé une femme dont il ne savait rien, hormis que son père était un dignitaire du Sultan. Dès après leur lune de miel, il se lassa d'elle et se mit à fréquenter des femmes vendant leur corps contre des pièces d'argent. Dans son palais il la délaissa, à la manière dont l'ivrogne abandonne une bouteille de vin vide. Le chagrin lui arracha d'abord des larmes. Puis elle se consola et se résigna, admettant le comportement de son époux. Elle apprit que ses larmes étaient par trop précieuses pour être ainsi versées sur un homme indigne. A présent, elle use ses jours auprès d'un jeune homme, beau et habile, sur qui elle déverse tout l'amour de son cœur et dont elle remplit les poches avec l'or de son époux indifférent. »

« Regarde maintenant cette maison entourée d'un jardin à la végétation luxuriante. L'homme qui y réside est un descendant d'une illustre famille qui, autrefois, gouverna le pays pendant des siècles, mais dont l'opulence et le prestige ont chuté du fait de l'esprit outrageusement dépensier et de l'oisiveté de certains de ses fils. Il y a quelques années, cet homme a épousé une femme dont la fortune égalait la laideur. Une fois qu'il se fut approprié ses biens, il s'empressa d'oublier son existence auprès d'une jeune femme de grande beauté. L'épouse délaissée, quant à elle, passe ses jours à se coiffer, se maquiller et se parfumer. Elle s'habille des soieries les plus coûteuses, pensant attirer de la sorte quelque homme qui fréquente sa demeure ; bien en vain, car il n'est de visage qui se penche vers elle, sinon le sien propre dans son miroir. »

« Là-bas, dans cette demeure agrémentée de statues en marbre et de fresques, vit une femme au beau visage mais à l'âme vile. Quand elle eut hérité, de son époux mort, la fortune et les propriétés, elle s'empressa d'en choisir un autre, sans caractère et maladif mais qui, tel un bouclier, la garantit des mauvaises langues, lui permettant d'accomplir ses odieux actes. A présent, parmi une cour de soupirants elle volette, comme l'abeille de fleur en fleur, butinant tout ce qui lui paraît délicieux et agréable. »

« Et vois-tu la maison voisine, celle aux vastes portes et aux arcades construites d'une main habile ? Il y habite un homme aimant les biens terrestres, ambitieux et affairé. Son épouse est délicieusement belle, aimable et douce. Chez elle, corps et esprit s'harmonisent. Elle était faite pour vivre d'amour et mourir pour lui. Hélas ! à l'image de ses sœurs, elle porte sur ses épaules le joug d'un mariage précoce et abusif, arrangé par son père. A cette heure, son corps las fond à la chaleur de sa tendresse captive. Jour après jour elle dépérit, appelant avec instance la mort qui la délivrera d'un homme dont le seul souci est d'amasser de l'argent puis de le compter, et qui ne cesse de maudire l'heure où il a pris femme stérile ne pouvant porter en son sein le fils qui hériterait de ses richesses et perpétuerait son nom. »

« Cette maison là-bas se dressant parmi les vergers est la demeure d'un poète inspiré qui a épousé une femme stupide et grossière, tournant en dérision ses vers qu'elle ne comprend pas, se moquant de son mode de pensée qu'elle trouve étrange. Son désespoir l'a poussé à se détourner d'elle. Il aime à présent une femme sensible et douce, dont la tendresse lui réchauffe l'âme et qui, par son charme et son sourire, lui inspire des vers immortels. »

Ayant ainsi parlé, Wardé se laissa tomber sur un sofa près de la fenêtre. Sa longue errance parmi ces demeures de la cité semblait l'avoir épuisée. Après un court instant, cependant, elle se remit à parler et dit : « Ce sont les lieux où j'ai refusé de vivre plus longtemps, les tombes où mon esprit suffoquait. Les gens que j'ai fuis sont ceux qui se rencontrent dans le corps mais se combattent en esprit, ignorant ce que sont l'Amour et la Beauté. Il n'est rien qu'on puisse plaider pour eux hormis leur ignorance des lois divines. Je ne les juge en aucune manière, car je fus à leur image ; je les plains de tout cœur. Je n'ai pour eux aucune haine ; j'abhorre simplement leur soumission au mensonge et à l'hypocrisie. Si je t'ai dit leurs secrets, c'est pour que tu saches la vérité sur ceux dont, hier, j'ai dédaigné la société sans attendre leur consentement — pour te révéler la vie intime de ces gens qui me calomnient à l'envi parce qu'à leur amitié j'ai préféré la compagnie de mon âme, qu'aux ténèbres j'ai préféré l'éclat de la sincérité, de la vérité et de la justice. Ils m'ont rejetée et j'en tressaille d'aise. Car, n'est-ce point là leur manière d'agir envers les esprits nobles qui se rebellent contre la fausseté et l'oppression ? Quiconque ne sait préférer l'exil à l'esclavage ne peut prétendre à connaître cette liberté répondant au nom de vérité et de devoir. »

« Hier, j'étais pareille à un plateau recouvert de toutes sortes de mets délicieux, que Rachid bey approchait selon sa faim alors que mon âme se tenait à distance de lui, ainsi que l'humble serviteur de son maître. Quand mes yeux s'ouvrirent, et bien que la servitude me répugnât, je m'appliquai à me soumettre encore à ce que je croyais être mon destin. En vain. Mon esprit ne voulait entendre que je passasse mes jours prosternée devant une manière d'idole que les âges d'obscurité ont édifiée et qui a pour nom Loi. Je brisai mes chaînes, quoique je ne les eusse jetées au loin qu'au jour où parvint à mes oreilles l'appel de l'amour et où mon esprit fut prêt pour l'envol. Ce jour-là, je quittai la demeure de Rachid bey Nu'man comme un oiseau sa cage et, laissant derrière moi bijoux, habits et serviteurs, je vins en la sobre mais riche chaumière de mon bien-aimé. Je sais que, le faisant, j'ai agi selon mon droit, car la volonté du Ciel n'était pas de me faire consumer ma vie dans les pleurs et la souffrance. Que de fois n'ai-je prié dans la nuit que vînt le jour et, le jour levé, que tombât la nuit ? Il n'était pas dans le dessein de Dieu de me faire vivre une vie d'infortune car, dans l'intimité de mon être, Il a placé l'aspiration au bonheur ; et par mon bonheur Dieu se trouve glorifié. »

« Voilà mon histoire et le cri de protestation que j'élève en sorte qu'il soit entendu dans le ciel et sur la terre. Voilà ce que je dis et chante cependant que les multitudes se bouchent les oreilles, de crainte qu'à m'entendre leur esprit ne se rebelle, et que ne s'écroulent les fondations mal assurées de l'ordre social. »

« Voilà le sentier rocailleux que j'ai parcouru avant d'atteindre au bonheur accompli. Si, à présent, la Mort fondait sur moi pour m'emporter sur ses ailes, c'est sans peur ni honte que je volerais avec elle jusqu'au trône de Dieu. Devant le juge suprême, les voiles de mes pensées secrètes tomberaient, les révélant blanches comme neige. Car, en tous mes actes j'ai accompli la volonté de l'esprit, qui est celle de Dieu même ; j'ai suivi l'appel de mon cœur et l'écho des mélodies des anges. Voilà ma tragique histoire, celle que les habitants de Beyrouth regardent comme une malédiction sur les lèvres de la Vie, comme un accroc dans le tissu social. Cependant, le temps viendra où dans leurs cœurs assombris l'Amour éclôra, comme le font les fleurs au toucher du soleil bien qu'elles poussent dans un sol rempli de substances en décomposition. Ce jour-là, le promeneur s'arrêtera devant ma tombe et, s'inclinant, dira : « Ici repose Wardé El-Hani, celle qui libéra son amour de l'esclavage des lois humaines corrompues, en sorte de le pouvoir vivre ainsi que le veut Dieu. Elle tourna sa face vers le soleil pour ne plus voir l'ombre de son corps projetée parmi les crânes et les ronces. »

Wardé n'avait pas plus tôt prononcé ces derniers mots, que la porte s'ouvrit, livrant passage à un jeune homme beau et svelte. Ses yeux rayonnaient et sur ses lèvres se jouait un sourire de plénitude. Wardé se leva et, le prenant délicatement par le bras, nous présenta l'un à l'autre. Elle prononça mon nom, ainsi que quelques paroles bienveillantes. Je compris que la personne devant moi était celle même pour qui elle avait renoncé au monde et transgressé les lois et les coutumes.

Nous nous asseyîmes en silence, chacun se demandant de quelle nature étaient les pensées des deux autres. Une minute s'écoula ainsi, une minute d'invite pour tous à se rejoindre dans les sphères éthérées. Quand, ensuite, je les dévisageai, assis côte à côte, je discernai sur leurs traits quelque chose qu'il ne m'avait encore jamais été donné de voir. Je compris dans l'instant le sens de l'histoire de Wardé, et même la raison secrète de sa révolte à l'égard d'une société persécutant ceux qui s'insurgent contre ses lois et coutumes sans s'enquérir au préalable de leurs mobiles. Je vis devant moi l'esprit unique de Dieu incarné en deux êtres jeunes et beaux drapés dans le manteau de l'union. Derrière eux, le dieu de l'Amour était debout ; ailes éployées, il les protégeait contre la colère des gens et leurs propos calomniateurs. Une totale et parfaite compréhension irradiait sur les deux faces transparentes et pures. Pour la première fois, je voyais la silhouette du bonheur unir un couple, un couple que la société rejetait en vertu de dogmes et de lois.

De longues minutes s'écoulèrent. A la fin, me levant, je leur fis mes adieux. Et, de mon esprit troublé, j'étais le seul témoin.

3

Au sortir de cette humble demeure que la tendresse avait métamorphosée en un sanctuaire d'amour et d'harmonie, je me dirigeai vers les demeures et palais dont, grâce à Wardé, je connaissais les secrets, songeant aux paroles qu'elle m'avait dites et à leur vérité fondamentale. Mais, à peine avais-je atteint la périphérie du quartier, que déjà je me rappelai Rachid bey Nu'man. Sa misère et son déchirement me revinrent à la mémoire et je me dis : « Tout accablé qu'il est, le Ciel l'écouterait-il s'il se présentait devant lui en gémissant et en blâmant Wardé El-Hani ? Cette femme, en le quittant pour pouvoir répondre aux exigences de son âme, lui a-t-elle fait injure ? Ne serait-ce pas plutôt lui qui a fait injure à Wardé en la contraignant à se soumettre par le corps au mariage, alors que son esprit n'inclinait pas à l'amour ? Des deux, qui est l'oppresseur et qui l'opprimé ? Vraiment, qui est coupable et qui est innocent ? »

Je continuai de soliloquer de la sorte, sondant les curieux événements du temps, disant à part moi : « Il n'est pas rare de voir une femme vaniteuse abandonner son mari pauvre pour un homme riche, tant il est vrai que, se prenant parfois de passion pour les luxueux vêtements et la vie aisée, les femmes perdent le sens et se laissent conduire à la honte et à la ruine. Point n'est ainsi de Wardé : elle n'était ni aveugle ni ne convoitait les agréments terrestres quand, sans se soucier des gens, elle prit son indépendance pour aller rejoindre un jeune homme épris des choses de l'esprit. N'eût-elle pas pu rester aussi bien dans la demeure de son époux, et en secret satisfaire l'exigence de ses sens ? De fait, nombre d'hommes auraient consenti à n'être rien autre que les esclaves de sa beauté ou à sacrifier leur vie par amour pour elle. Wardé El-Hani était malheureuse ; elle se mit en quête du bonheur, le trouva et le garda. Mais c'est là une vérité que la société des hommes méprise et que la loi refuse d'admettre. »

Je murmurai ces mots aux oreilles de l'espace. Dès après, pris d'un doute que je cherchais à disperser, je me dis encore : « Est-il bien sûr que pour assurer son bonheur une femme ait le droit de rendre malheureux son époux ? » En réponse à cette interrogation, mon être intime me chuchota : « Un homme serait-il en droit de réprimer les sentiments de son épouse à seule fin de préserver son propre bonheur ? »

Ainsi je marchais, la voix de Wardé hantant mes oreilles. Quand j'atteignis l'enceinte de la cité, le soleil était sur le point de se coucher. Les champs et les jardins se drapaient dans les voiles du silence ; les oiseaux entonnaient leur chant crépusculaire. M'arrêtant alors, je contemplai ces merveilles et me dis en soupirant :

« Devant le trône de Dieu, ces arbres se réjouissent de concert avec la brise vagabonde, tout contents qu'ils sont d'accueillir les rayons du soleil et de la lune. Dans les oreilles de la liberté ces oiseaux chuchotent et, autour d'elle, ils volettent au rythme de la musique des ruisseaux. Dans le ciel de la liberté, ces fleurs exhalent leur parfum suave et, devant sa face, elles sourient au matin. »

« Sur terre, tout vit en accord avec la loi de la nature et, par la nature de cette loi, se répandent la gloire et la joie de la liberté. A l'homme seul est refusée cette allégresse, du fait qu'il contraint son âme immortelle à observer des lois réductrices et terrestres de son invention. Il s'impose des règles strictes. L'homme s'est construit une prison étroite et douloureuse, où il confine ses tendresses et aspirations. Il s'est creusé une tombe profonde où il ensevelit son cœur et sa destinée. Quand un de ses frères, écoutant les appels de son âme, se coupe du monde et transgresse la loi, les multitudes disent qu'il est un rebelle méritant l'exil ou bien qu'il est une infâme créature ne méritant rien autre que la mort... L'homme restera-t-il donc esclave de lui-même à jamais ? Ou bien, le temps passant, se libérera-t-il pour vivre enfin dans l'Esprit et pour l'Esprit ? Restera-t-il pour toujours les yeux baissés ? Ou bien le jour viendra-t-il où il tournera sa tête vers le soleil en sorte de ne plus voir l'ombre de son corps projetée parmi les crânes et les ronces ? »

le cri
des opprimés

1

Sur l'estrade de jugement, l'Emir était assis jambes croisées, trônant parmi les sages de la région dont les visages creusés de rides étaient comme le reflet de pages d'écriture sorties des recueils de lois. Derrière lui et sur les côtés, des soldats étaient debout, l'épée au poing, la lance haut levée. Dans la salle, la foule se pressait nombreuse. Parmi elle, d'aucuns venaient par amour du spectacle ; d'autres attendaient, dans l'anxiété, le jugement d'un parent. Mais les uns et les autres baissaient la tête comme en un geste d'humilité, osant à peine respirer. On eût dit que le regard de l'Emir semait la terreur en leur esprit et la crainte en leur cœur.

Quand l'assemblée fut à son tour assise et que l'heure eut sonné, l'Emir ouvrit la séance. La main levée, il ordonna d'une voix retentissante : « Qu'on amène l'un après l'autre les prisonniers et m'entretienne de leurs méfaits et crimes. » La porte de la prison fut aussitôt ouverte, laissant voir à tous des murs lugubres, pareils à la gueule d'une bête féroce en train de bailler. De tous les coins s'éleva le cliquetis des chaînes et des fers, ainsi que des soupirs et des lamentations. Les regards se déplaçaient, les cous se tendaient ; la foule était impatiente de voir émerger ces proies de la mort de leur enfer.

Bientôt, flanqué de deux soldats et les bras liés dans le dos, parut sur le seuil un adolescent, dont les traits impassibles révélaient la noblesse d'esprit et la fermeté de cœur. Les soldats le laissèrent devant la cour, puis se retirèrent au fond de la salle. L'Emir regarda un instant le prisonnier, après quoi il s'enquit : « De quel crime est accusé cet homme qui ose se tenir devant moi, la tête haut levée, comme s'il occupait la place d'honneur au lieu du banc des accusés ? » Un membre de la cour expliqua : « Hier, il a assassiné un officier de Sa Majesté qui passait dans le village muni d'un mandat officiel. Au moment de son arrêt, il tenait encore à la main l'épée du crime tachée de sang. »

Sur l'estrade, l'on vit l'Emir frémir d'indignation, ses yeux lancer des éclairs de rage. Il hurla : « Qu'on le ramène dans son sombre cachot et l'immobilise avec de lourdes chaînes. Demain, à l'aube, qu'on le passe au fil de son épée et abandonne son corps en quelque endroit retiré. Qu'on laisse aux vautours et aux bêtes de proie le soin de le dépouiller de sa chair, au vent la charge de porter l'odeur nauséabonde de son corps pourrissant jusqu'aux narines de ses parents et amis. »

A ces mots, les soldats s'empressèrent de ramener le prisonnier à sa cellule. Comme il était au printemps de sa vie, beau et robuste de surcroît, la foule compatit à son sort par force regards désolés et soupirs profonds.

Les soldats réapparurent bientôt sur le seuil de la prison, cette fois avec une frêle jeune fille mais de grande beauté. Sur sa face blême se lisaient le chagrin et l'infortune. Les larmes coulaient abondantes de ses yeux, et sa tête penchée était comme le signe de son repentir. L'Emir la fixa, disant : « Et cette femme malingre, debout en face de moi ainsi que l'ombre à côté de la vérité, qu'a-t-elle donc fait ? » Un soldat s'avança et dit : « Elle est coupable d'adultère. L'autre nuit, son époux — rentrant inopinément — l'a surprise dans les bras de son amant. Celui-ci prit la fuite et l'épouse infidèle fut aussitôt livrée aux soldats. »

L'Emir la regarda attentivement. Elle, dans sa honte, gardait les yeux rivés au sol. Puis, d'un ton brusque, il ordonna : « Qu'on la jette à nouveau dans son obscur cachot et la couche sur un lit d'épines. Elle se rappellera ainsi le lit qu'elle a profané. Qu'on lui fasse boire du vinaigre mélangé à de la coloquinte. Elle goûtera de la sorte une dernière fois au baiser défendu. Au point du jour, qu'on la traîne nue à travers les rues et, hors des murs de la cité, la lapide. Qu'on abandonne sur place son corps, laissant les loups se régaler de sa chair tendre et les vers ronger ses os. » La jeune femme fut donc ramenée à son sombre cachot. A son passage, la foule jetait des regards émus sur sa mélancolique beauté et ses yeux si tristes, bien qu'en eux-mêmes ils admirassent l'esprit de justice de l'Emir.

Les soldats revinrent une dernière fois. Le prisonnier était un homme d'âge moyen, au visage émacié et à la démarche mal assurée. Il tremblait à la manière d'un fragile rameau devant le vent du nord. Dans ses yeux inquiets et craintifs dansaient les ombres de la pauvreté et de la misère. L'Emir se tourna vers lui et, sur un ton méprisant, demanda : « Et cette repoussante créature, se tenant comme la mort parmi l'assemblée des vivants, qu'a-t-elle donc commis comme crime ? » Un des soldats répondit : « La nuit dernière, cet homme s'est introduit dans le sanctuaire du monastère. Les saints moines l'ont surpris alors qu'il en sortait, dissimulant sous son manteau un vase sacré. »

L'Emir jeta sur lui des yeux avides. On eût dit un vautour affamé sur le point de saisir dans ses griffes un oiseau aux ailes brisées. Il cria : « Qu'on le jette à nouveau dans son cachot obscur et le mette aux fers. A la prochaine aurore, qu'on lui suspende autour du cou une solide corde et le pende haut dans un arbre. Là, son corps restant à osciller entre ciel et terre, les éléments viendront flétrir ses doigts criminels, ainsi que des feuilles automnales, et le vent éparpillera ses membres redevenus poussière. »

L'homme fut aussitôt ramené dans sa cellule et, tandis qu'il passait parmi les spectateurs, l'on entendait chacun chuchoter à l'oreille de son voisin : « Comment ce chétif païen a-t-il donc fait pour oser dérober au monastère ses vases sacrés ? »

Aussitôt après, l'Emir se leva de son estrade et quitta la salle, suivi des sages et des législateurs, entouré de ses soldats. La foule des curieux se dispersa, en sorte que sur la place l'on n'entendit bientôt plus que la voix des prisonniers, qui par des gémissements et des lamentations exprimaient leur infortune.

Ces scènes qui ainsi se succédèrent, mes yeux les recevaient tel un miroir des formes mouvantes, tandis que je songeais à ces lois que l'homme avait élaborées pour juger ses frères, que je réfléchissais sur ce qu'on entend communément par justice et que je fouillais les secrets de la vie, dans l'espoir d'y trouver un sens à l'existence. Je demeurai sur la place jusqu'à ce que, à l'instar de la lumière dans un ciel crépusculaire tendu de brume, mes pensées se fissent vagues et confuses. M'éloignant alors, je me dis : « Les plantes absorbent les éléments du sol ; les moutons se nourrissent de plantes. Pendant ce temps, le loup guette le mouton et le taureau tue le loup ; le lion chasse le taureau et la mort à son tour anéantit le lion. N'y a-t-il donc pas une force surpassant en puissance la mort qui rompe cette chaîne de cruauté en vertu de l'éternelle justice ? Un pouvoir qui mène ces choses détestables à une meilleure fin ? Une main puissante qui réunisse tous les éléments de la vie dans une joyeuse étreinte à la manière de l'océan qui accueille avec ravissement tous les ruisseaux chantants ? Y a-t-il un pouvoir qui, sans distinction, traduise l'assassin et sa victime, la femme adultère et son amant, le voleur et sa victime devant une cour de plus haute instance que celle de l'Emir ? »

2

Le lendemain je quittai la cité et allai me promener à travers champs, là où la quiétude révèle à l'âme ce que l'esprit lui dissimule, où l'air pur tue les germes de la misère et du désespoir nés dans les ruelles étroites et les masures sans lumière.

Comme j'arrivais en bordure de la vallée, mes yeux aperçurent des volées de vautours et de corbeaux qui, tour à tour, montaient dans l'azur et redescendaient à ras du sol, fendant l'air de leurs battements d'ailes, de leurs cris et croassements. La curiosité me fit avancer jusqu'à ce que je visse pendu haut dans un arbre le cadavre d'un homme, puis un corps nu de femme étendu sur le sol parmi un amas de pierres, enfin le corps d'un jeune homme dont la tête maculée de sang et souillée de terre gisait à part, près de lui.

L'horreur de la scène me stupéfia et, devant mes yeux errants, un épais voile d'obscurité descendit. Je ne voyais plus que le redoutable spectre de la Mort qui, ailes éployées, se dressait au-dessus des cadavres. A mes oreilles ne parvenaient rien autre que les lamentations du non-être mêlées aux croassements des corbeaux qui tantôt planaient, tantôt tiraient de l'aile autour de ces victimes des lois humaines.

Trois êtres qu'hier la vie étreignait encore, aujourd'hui la mort les avait fauchés. Ils ont transgressé les règles de la société des hommes et la loi aveugle, levant aussitôt son bras, les écrasa. Trois créatures, dont l'ignorance a fait des délinquants du fait de leur vulnérabilité, que la Loi a anéantis parce que de son côté il y a le pouvoir.

L'homme du commun qui tue est appelé un meurtrier. L'homme investi d'autorité qui fait de même est un juge équitable. L'homme ordinaire qui vole n'est qu'un vulgaire voleur ; l'Emir qui lui ôte la vie on le considère comme un prince vertueux. Une femme qui trompe son seigneur et maître devient adultère, une femme de mauvaises mœurs. L'Emir qui ordonne qu'elle soit traînée nue dans les rues et lapidée, on le couvre d'honneurs.

Faire couler le sang est acte défendu. Lors, en vertu de quel droit est-ce permis à des gouvernants ? Voler le bien d'autrui est criminel. Mais quelle instance a donc érigé en vertu le vol de la vie ? L'infidélité d'une femme est une abomination. Qui, en ce cas, a décrété que la lapidation serait un spectacle d'agrément ?

Doit-on rétribuer un mal par un autre plus grand, sous prétexte qu'il est légal ? Combattre la corruption en lui opposant une corruption pire, mais dénommée morale ? Doit-on tenter de vaincre le crime par la perpétuation, prétextant la justice ?

L'Emir n'a-t-il donc jamais abattu un ennemi ni dépouillé ses sujets de terres ou de biens ? N'a-t-il de sa vie séduit une belle femme ? Est-il si parfaitement innocent pour se permettre de condamner à mort le meurtrier, de pendre le voleur et de lapider la femme infidèle ?

Quelle espèce d'êtres sont-ils, ceux qui ont haussé le voleur dans l'arbre ? Des anges descendus de l'empyrée ou bien des hommes du commun volant et pillant tout sur leur passage ? Qui sont-ils, ceux qui ont tranché la tête au meurtrier ? Sont-ce des prophètes ou de simples soldats tuant et répandant le sang partout où les mènent leurs pas ? Qui sont-ils, ceux qui ont lapidé la femme adultère ? Des ermites pieux et vertueux ou bien des hommes commettant allégrement des atrocités sous le couvert de l'ignorante Loi ? Et la loi même, qu'est-elle ? Quelqu'un l'aurait-il vu descendre des lointains du ciel chevauchant les rayons du soleil ? Qui d'entre les humains a senti battre en lui le cœur de Dieu et compris Ses desseins ? En quel âge les anges parcouraient-ils la terre, instruisant les hommes à dénier aux faibles la jouissance de l'existence, à passer les proscrits au fil de l'épée, à piétiner sauvagement le pécheur ? »

*

* *

Ces pensées me tourmentaient encore l'esprit et le cœur quand j'entendis, tout près, un pas sur l'herbe. Regardant à l'entour, je vis qu'une jeune femme sortait des arbres et se dirigeait vers les trois corps, jetant des coups d'œil furtifs de droite et de gauche, comme si elle fût dans la crainte. En apercevant le jeune homme décapité, elle poussa un cri d'effroi, tomba à genoux à son côté et l'enserra de ses bras tremblants. Son visage ruisselait de larmes et ses doigts caressaient délicatement la chevelure bouclée, tandis que de son cœur brisé montaient des lamentations rauques. Se relevant enfin, elle se hâta de creuser tout près un grand trou de ses mains, y traîna le corps qu'elle étendit en prenant soin de replacer la tête ensanglantée entre les épaules. Ayant recouvert le corps de terre, elle ficha sur la tombe l'instrument de décapitation.

A l'instant où elle se retournait pour repartir, je m'approchai d'elle. Quand elle me vit, son corps fut pris de tremblements de peur et elle baissa la tête. De grosses larmes, pareilles à des gouttes de pluie, ravageaient son visage. Dans un soupir elle dit : « Dépêche-toi de courir auprès de l'Emir pour lui raconter ce que tes yeux ont vu. Car, n'est-il pas préférable que j'aille rejoindre dans la tombe celui qui m'a sauvée de l'opprobre, plutôt que d'abandonner son corps en pâture aux bêtes et oiseaux de proie ? »

« N'aies crainte, repartis-je, car avant toi j'ai pleuré le sort de ce jeune homme. Dis-moi simplement, je te prie, de quelle manière il t'a évité le déshonneur. »

D'une voix faible, entrecoupée de sanglots, elle expliqua : « L'autre jour, un officier de l'Emir est venu chez nous pour estimer et encaisser l'impôt sur nos terres. En me voyant, il jeta sur moi un regard de convoitise qui me fit frémir. Presque aussitôt, il demanda à mon père de lui payer un impôt si excessif, qu'il dépassait les moyens, fût-ce d'une bourse bien garnie. Mon père étant insolvable, le soldat s'empara de moi pour m'emmener au palais de l'Emir comme otage. Je le suppliai de m'épargner, sans résultat. Je l'en conjurai, par égard pour mon vieux père. Rien n'y fit. Je criai donc à l'aide, et ce jeune homme du village, mort à présent, accourut. L'officier, en colère, voulut l'abattre. Mais lui le devança : décrochant une vieille épée d'un mur de notre demeure, il l'en frappa. Par son geste, il défendait tant sa vie que mon honneur. Et comme il était un esprit noble, au lieu de fuir à la manière d'un meurtrier, il resta près du corps sans vie. Quand les soldats arrivèrent sur les lieux, ils lui mirent les menottes et l'emmenèrent en prison. »

Ayant ainsi parlé, elle haussa sur moi des yeux si malheureux, que mon cœur compatissant se serra de chagrin. Soudain, elle partit en courant, mais les accents de sa voix affligée continuèrent de fendre l'air et le déranger.

*
* *

Au bout d'un moment, comme je relevais la tête, je vis s'approcher un jeune homme, le visage dissimulé derrière un pan de son manteau, qu'au reste il ôta dès qu'il fut arrivé devant la femme infidèle, l'étendant sur le corps nu. Avec un poignard il creusa le sol et, dans le trou ainsi fait, tira doucement le corps, qu'il recouvrit ensuite de terre en versant une larme sur chaque motte. Enfin, de quelques fleurs cueillies dans le champ, il agrémenta la tombe. Quand je vis qu'il s'apprêtait à repartir, je m'avançai vers lui, disant : « Quelle sorte de lien peut bien te lier à cette femme pour que tu oses ainsi t'opposer à la volonté de l'Emir, mettre en péril ta vie pour avoir protégé le corps de la morte contre les oiseaux du ciel ? »

Il posa sur moi des yeux rouges et gonflés par les pleurs et les heures de veille, des yeux qui parlaient d'affliction profonde et de détresse. Des sanglots brisaient sa voix quand il dit : « Je suis l'homme infortuné pour l'amour de qui elle fut lapidée. Nous nous aimions déjà quand, enfants, nous jouions dans les ruelles du village. A mesure que nous grandîmes, notre amour se fortifia, si bien qu'à la fin il devint notre maître. Nos âmes intimes s'inclinaient avec respect devant lui et il nous emportait dans son étreinte. Un jour, alors que j'étais absent, ma bien-aimée fut mariée à un autre contre son gré. A mon retour, quand j'appris la nouvelle, mes jours commencèrent de me paraître une nuit sans fin, ma vie une interminable et amère agonie. Je luttai contre mes sentiments et combattis l'élan de mon cœur. En vain. Leur emprise sur moi était si forte, que je devins leur aveugle instrument. Un jour, je résolus d'aller voir en secret ma bien-aimée, dans le dessein de contempler l'éclat de ses yeux et d'entendre sa voix mélodieuse. Je la trouvai seule, en train de déplorer son abominable destin. Nous nous assîmes l'un à côté de l'autre et restâmes à converser par le silence, en toute innocence. Une heure ne s'était pas plus tôt écoulée, que son mari rentra. En me voyant, la rage le prit. D'une main rude il empoigna ma bien-aimée par son frêle cou et la traîna au-dehors en criant d'une voix retentissante : « Venez tous ; voyez la prostituée en compagnie de son amant. » Les voisins accoururent, puis les soldats qui s'enquirent de l'affaire. Le mari leur remit son épouse qui, cheveux défaits et vêtements déchirés, fut emmenée et jetée en prison. Pour moi, nul ne me chercha noise ni ne m'importuna, car la loi aveugle et la tradition corrompue qui punissent la femme infidèle jettent un regard tolérant sur l'homme. »

Ayant ainsi parlé, le jeune homme s'en retourna vers la cité, le visage toujours dissimulé derrière un pan de son manteau.

*

* *

Je restai à nouveau seul, pensif et le cœur serré de douleur. Dans l'arbre, le corps du pendu oscillait légèrement à chaque passage du vent dans les branches. On eût dit de sa part une invite pour les génies aériens à couper la corde et étendre son corps sur l'herbe près du héros de la vaillance et la sacrifiée de l'amour.

Une heure s'était peut-être écoulée, quand je vis s'approcher une femme hâve et déguenillée. Elle s'arrêta sous le corps du pendu et, pendant un instant, resta à se lamenter et à se frapper la poitrine. Puis, grimpant sur l'arbre, elle se mit à ronger la corde de ses dents. Au bout d'un moment, le corps tomba à terre à la manière d'un amas de vêtements mouillés. La femme creusa alors une tombe à côté des deux autres, y déposa le corps du pendu, qu'elle recouvrit de terre. Non loin de là, elle ramassa deux morceaux de bois, qu'elle réunit en forme de croix et ficha au chevet de la tombe. Quand je la vis se retourner pour s'en aller d'où elle était venue, je l'arrêtai, disant : « Quel mobile peut bien te pousser à mettre en terre le corps d'un voleur ? »

Elle fixa sur moi ses yeux aux pourtours ombrés par le chagrin et la misère et dit : « Il était mon époux fidèle et mon compagnon bienveillant, et reste le père de mes enfants qui, à cette heure, meurent de faim. L'aîné a huit ans et le puîné n'est encore qu'un nourrisson. Mon mari n'était point un voleur, mais un paysan. Il cultivait les champs du monastère et, en échange, recevait une maigre miche de pain, qu'au soir nous partagions entre nous et qui nous laissait affamés tout le jour du lendemain. Or, récemment, après des années de pénible labeur, ses forces le trahissant, les moines le congédièrent et demandèrent qu'à sa place vinssent les enfants une fois en âge. A cette nouvelle, il ne cessa de pleurer, implorant leur pitié par amour pour Jésus, les suppliant au nom des anges et des saints. Rien n'y fit. Ils n'eurent de compassion ni pour lui, ni pour nos enfants qui désespérément réclamaient du pain. Alors il partit pour la cité à la recherche d'un nouvel emploi. Sans succès, hélas ! Car les habitants des palais là-bas ne consentent à prendre à leur service que des hommes jeunes et robustes. A la fin, il s'assit au bord de la route tendant une main lasse. Mais les passants lui refusèrent l'aumône prétextant ne point la faire aux paresseux et aux oisifs. L'autre nuit, comme la faim tenaillait douloureusement nos enfants — surtout le puîné qui vainement tétait mon sein —, je vis mon mari changer soudain de physionomie. Il sortit et, à la faveur de la nuit sans lune, pénétra dans les caves voûtées du monastère, là où les récoltes des champs et le produit des vignes sont entreposés. Il s'apprêtait à quitter la pièce, emportant avec lui un boisseau de farine, quand les moines, qui dans l'intervalle s'étaient réveillés, l'empoignèrent au collet. Ils le frappèrent, l'injurièrent et le matin venu le livrèrent aux soldats, disant : « Voici un malfaiteur qui s'est introduit dans le sanctuaire de notre monastère pour y voler nos vases sacrés. » On le mit en prison et ce matin, au point du jour, on le pendit. Il tentait d'apaiser la faim de ses pitoyables enfants avec le blé qu'à la sueur de son front il avait engrangé et l'Emir, en retour, a donné sa chair en pâture aux oiseaux de proie. »

Elle dit ainsi et s'éloigna, tandis que les ombres du chagrin et de l'affliction, échappées de ses paroles, s'élevaient en tourbillonnant vers l'azur à la manière de colonnes de fumée prises dans une bourrasque de vent.

3

Je restais seul parmi les tombes, à l'instar de ces pleureuses que la douleur étreint et rend muettes, mais dont les larmes suffisent à témoigner de leurs sentiments intimes. Je m'efforçais de penser, mais mon esprit se rebellait. Car, comme une fleur, l'esprit ferme ses pétales devant l'obscurité, répugnant à donner de sa fragrance aux ombres nuitales.

Je restais là, alors que le cri de l'oppression, monté de chaque motte de terre à la manière d'une brume, venait frapper par vagues mes oreilles comme pour m'insuffler l'inspiration verbale.

Je restais là, sans voix néanmoins. Si les hommes comprenaient le langage du silence, ils seraient certes plus dieux que bêtes sauvages.

Je restais là, poussant de profonds soupirs. Eussent-ils pu atteindre les arbres à l'entour, ceux-ci se seraient pour sûr déracinés et, quittant leur sol nourricier, auraient marché en rangs serrés sur l'Emir et ses soldats. Avec leurs branches ils leur auraient fait la guerre et, de leurs troncs, ils auraient abattu les murs du monastère, les faisant retomber sur la tête des moines.

Je restais là, regardant. La douceur de mon âme compatissante et l'amertume de mon cœur souffrant s'épanchaient de mes yeux, puis se perdaient dans la terre fraîchement remuée. Sur la tombe de cet adolescent qui a volé au secours d'une faible jeune fille, dont il a arraché la vie d'entre les griffes d'une brute et qui, en récompense de sa vaillance, fut décapité. Celle qu'il a ainsi sauvée a fiché l'épée dans la terre en sorte qu'à la face du soleil elle atteste les agissements des hommes au royaume de la stupidité et de l'ignorance.

Sur la tombe de cette jeune femme dont l'amour ardent a enflammé le cœur avant que la convoitise lui ravisse le corps et que la tyrannie la lapide pour n'avoir point consenti à l'infidélité. Son bien-aimé a déposé sur son corps immobile un bouquet de fleurs des champs, afin que durant leur déclin elles racontent ces âmes élues et sanctifiées par l'amour au sein de multitudes que la matière aveugle et que l'ignorance réduit au silence.

Sur la tombe de ce miséreux, exténué par son labeur dans les champs du monastère, et que les moines ont chassé, lui refusant le pain qui eût nourri ses enfants. Il recourut à la mendicité, mais les passants ne voulurent rien savoir. Quand, poussé par le désespoir, il alla quérir une juste rétribution à sa vie laborieuse, il fut mis en prison puis pendu. Au chevet de sa tombe, sa veuve a érigé une croix en sorte que, dans la nuit silencieuse, elle dise aux étoiles du firmament la tyrannie des moines qui ont transformé les enseignements du Nazaréen en épées tranchantes, au fil desquelles ils passent les faibles et les humbles.

Bientôt le soleil déclina à l'horizon puis disparut. On eût dit qu'il était las d'assister aux luttes terrestres et qu'il répugnait à voir encore ses tyrannies. La nuit tomba. Avec les fils de l'obscurité et du silence, elle tissa un merveilleux voile qu'elle tendit sur la nature entière.

Les yeux levés vers le ciel, j'étendis mes bras sur les trois tombes flanquées de leurs signes et symboles et criai : « Vois, ô courage, ton épée en terre fichée. Vois, ô amour, tes fleurs par le soleil ardent fanées. Vois, ô Jésus de Nazareth, ta croix par les ténèbres dissimulée. »

Khalil l'hérétique

1

Dans ce village retiré du nord du Liban, le cheik Abbas vivait comme un prince. A voir son palais dressé au milieu de misérables huttes, l'on pensait aussitôt à un géant debout dans une cohorte de nains. Son mode de vie et ses manières étaient aussi éloignés de ceux des villageois que le peuvent être l'abondance et l'indigence, la puissance et la faiblesse.

Au moindre mot du cheik, les paysans inclinaient la tête en signe d'assentiment, comme s'il fût l'émissaire ou le porte-parole d'une intelligence supérieure. Etait-il en colère ? Ils tremblaient de terreur et se dispersaient en hâte, telles des feuilles d'automne chassées par une bourrasque de vent. Frappait-il l'un d'eux sur la joue ? Celui-ci restait interdit, comme si le Ciel même l'eût souffleté. C'eut été sacrilège que d'oser hausser les yeux sur le dispensateur. Adressait-il un sourire à un autre, la multitude le considérait certes comme fortuné pour avoir mérité l'expression de son contentement.

Leur soumission au cheik Abbas — leur affolement devant lui — n'était pas seulement dû à l'humilité, mais à la pauvreté et à la dépendance. De fait, les champs qu'ils cultivaient et les masures qu'ils habitaient lui appartenaient, les ayant hérités de ses ancêtres ainsi qu'eux-mêmes avaient hérité des leurs, misère et infortune. Ils exploitaient la terre, semaient et moissonnaient sous l'œil toujours vigilant de leur seigneur, bien qu'ils ne reçussent pour salaire qu'une part des récoltes si infime qu'elle suffisait tout juste à leur épargner les tourments de la faim. D'ailleurs, la plupart d'entre eux manquaient déjà de farine avant la fin du long hiver. Aussi les voyait-on aller l'un après l'autre chez le cheik, le suppliant avec force lamentations de consentir à leur prêter, ici un dinar, là une mesure de blé. Le cheik, quant à lui, considérait toujours leurs requêtes d'un œil favorable. Il savait fort bien que tout dinar prêté lui rapporterait un deuxième en intérêt, que toute mesure de blé supplémentaire lui vaudrait une autre au jour du prochain battage.

Ainsi s'écoulait la vie de ces infortunés, liés au cheik Abbas par leurs dettes et lui restant soumis par leur foi en lui, en sorte qu'ils craignaient ses colères et cherchaient sans cesse à lui plaire.

2

L'hiver était là, avec ses neiges et ses tempêtes. Les champs, où l'on voyait se dresser les arbres dépouillés, n'étaient plus guère fréquentés que par les corbeaux. Les paysans, qui avaient rempli les silos du cheik de grains et ses tonneaux de vin, s'étaient repliés en leurs cabanes où ils passaient le temps dans le désœuvrement, devant l'âtre, à égrener des contes d'âges passés, à se raconter mille et une histoires.

Décembre touchait à sa fin ; la vieille année soupirait, exhalant son dernier souffle de vie dans le ciel gris. On était au seuil de cette nuit où la nouvelle année naissait, pareille à un enfant élu et couronné par le destin.

Le jour pâle se consumait, et l'obscurité descendait sur les vallées et dans les gorges. Le vent, en une course échevelée, se précipitait des hauteurs vers les abîmes, entraînant avec lui des myriades de flocons de neige. Les arbres frémissaient de terreur ; la terre tremblait devant sa fureur. Il déposait sa charge de neige sur les champs, les tertres, partout ; et le paysage se faisait semblable à une page vierge que couvrirait la mort de sa mystérieuse écriture, pour l'en effacer ensuite. La brume enveloppait les villages disséminés dans la vallée, les isolant les uns des autres, et les faibles éclairages qui se jouaient sur les carreaux des huttes ne se distinguaient déjà plus à deux pas. L'épouvante s'était emparée de l'esprit des paysans ; les moutons étaient nichés dans le foin, les chiens recroquevillés dans les coins. Plus rien n'avait de vie sinon le vent, qui faisait résonner grottes et cavernes de ses discours et hurlements. Tantôt sa terrible voix se faisait entendre dans la vallée, tantôt elle rugissait sur les sommets. On eût dit que la Nature, indignée de voir agoniser la vieille année, s'acharnait sur la vie terrée dans les masures, la voulant anéantir grâce aux armes du froid et de la désolation.

En pareille nuit effrayante, sous pareil ciel déchaîné, un jeune homme cheminait sur la route montant en pente douce depuis le monastère de Kizhaya (1) jusqu'au village du cheik Abbas. La froidure gelait la moelle de ses os ; la faim et la peur usaient rapidement ses forces. La neige, qui se déposait sur son manteau sombre, semblait pressée de lui tisser un linceul. Il faisait un pas, mais le vent aussitôt le rejetait en arrière, comme pour lui signifier son désaccord à le voir atteindre les demeures des vivants. A un moment, le sentier raboteux retint ses pieds, le faisant tomber dans la neige. Il jeta un formidable cri, après quoi le froid le réduisit au silence. Bientôt, pourtant, on le voyait se relever, muet et frissonnant. Assailli par les éléments rageurs, il semblait osciller entre le profond désespoir et l'extrême affliction. A le voir ainsi, on pensait à un oiseau aux ailes brisées, tombé dans le ruisseau et sur le point d'être emporté par le courant.

A la fin, il se remit à marcher et, pourchassé par la mort, il alla jusqu'à ce que ses forces et sa volonté lui fissent défaut. Dans ses veines le sang se figea, et il s'écroula. Avec la dernière énergie, il jeta un terrible cri : celui du moribond qui voit le spectre de la mort dressé devant lui ; de l'homme qui désespérément lutte contre les ténèbres menaçant de l'engloutir, contre la tempête qui obstinément le veut précipiter dans l'abîme. Sa voix, vibrante d'amour pour la vie, semblait se perdre dans le vide informe.

1. En ce temps, le monastère de Kizhaya était le plus riche et le plus réputé du Liban. Le revenu de ses terres se comptait en milliers de dinars et il abritait un grand nombre de moines, lesquels étaient bien connus dans les villages à l'entour.

3

Au nord du village, parmi les champs, une hutte solitaire se dressait. Là habitaient une femme du nom de Rachel et Myriam sa fille, qui allait sur ses dix-huit ans. Rachel était la veuve de Sam'an El-Rami qui, cinq ans auparavant, avait été assassiné dans un champ — nul ne savait par qui.

A l'exemple des autres veuves de sa condition, Rachel subsistait à force de labeur et d'efforts, et vivait dans la hantise perpétuelle de la ruine et de la déchéance. Au temps de la moisson, elle se rendait sur les champs pour y glaner les épis oubliés ; à l'automne, elle ramassait dans les vergers les bouts de fruits dédaignés par les cueilleurs ; dans l'hiver, elle filait de la laine ou cousait des vêtements en échange de quelques dinars ou d'un boisseau de froment. Dans son travail, elle était soigneuse, patiente et habile. Myriam était une splendide fille, d'une nature douce et paisible. Elle secondait sa mère dans le labeur et les tâches ménagères.

En la nuit que nous venons de peindre, Rachel et Myriam étaient assises toutes deux au coin d'un feu dont la chaleur se dispersait dans le froid trop vif, et dont les braises étaient presque réduites à l'état de cendres. Au-dessus de leur tête, était suspendue une lampe qui dispensait sa faible clarté aux ténèbres épaisses, ainsi qu'une prière répand la consolation dans le cœur des affligés.

Bien que minuit approchât, les deux femmes veillaient encore, écoutant le vent qui hurlait au-dehors. De temps en temps, Myriam se levait, allait à l'étroite fenêtre qu'elle ouvrait. Après avoir scruté les ténèbres, elle revenait s'asseoir sur sa chaise, toute tremblante de frayeur à cause de la fureur des éléments.

Soudain elle tressaillit, comme si elle se fût surprise à dormir. Levant sur sa mère des yeux apeurés, elle s'enquit : « Mère, as-tu comme moi entendu l'appel d'une voix au-dehors ? »

La mère se dressa sur son siège, tendant l'oreille : « Non, répondit-elle, il n'y a rien que j'entende sinon le vent déchaîné. »

« La voix que j'ai entendue, repartit sa fille, était plus forte que les hurlements de la tempête. »

Ayant dit, elle courut à la fenêtre et, là, resta à écouter. Au bout d'un instant elle s'écria : « Mère, l'on vient encore de crier. »

Là-dessus, la mère se précipita elle aussi vers la fenêtre, disant : « Cette fois-ci j'ai entendu. Viens, allons voir ce qui se passe. Ferme la fenêtre, que le vent ne souffle pas la lampe. » Tout en parlant ainsi, elle jeta un manteau sur ses épaules et ouvrit la porte. Puis, d'un pas résolu, elle sortit. Myriam, elle, s'arrêta sur le seuil, et le vent jetait le désordre dans sa chevelure.

Rachel fit péniblement quelques pas dans la neige, après quoi elle s'arrêta pour appeler : « Qui est là ? Qui criait à l'aide ? » Comme aucune voix ne lui répondait, elle refit un appel, puis un autre. En vain. Alors, elle ramassa son courage et se remit à marcher, fouillant l'obscurité, se protégeant la face contre les assauts du vent. Après quelque vingt mètres, elle avisa soudain des empreintes de pieds dans la neige, déjà presque effacées. Elle les suivit, l'œil vigilant et inquiet, et bientôt aperçut un corps étendu tout près, formant une tache noire sur l'immensité blanche et ouatée. S'agenouillant à côté de l'étranger, elle brossa de ses mains la neige de sur le manteau et mit la tête sur ses genoux. Elle posa ses doigts sur la poitrine et, percevant de faibles battements, cria en direction de la chaumière : « Myriam, je l'ai trouvé. Viens donc m'aider à le transporter. »

Myriam quitta aussitôt le seuil de leur demeure et marcha dans les empreintes de sa mère, frissonnant et tremblant de peur et de froid. Quand, arrivée près de sa mère, elle vit le jeune homme qui gisait immobile dans la neige, elle laissa échapper des lamentations. Mais la mère, tout en prenant le corps sous les aisselles la rassura, disant : « N'aies crainte, il est en vie. Prends-le par les pans de son manteau, que nous puissions le porter jusque chez nous. »

Les deux femmes s'éloignèrent. Le vent les poussait avec violence, leur cinglant le visage, et la neige se collait à leurs chaussures. Revenues dans la cabane, elles déposèrent le corps inerte près du feu. La mère aussitôt se mit en peine de frotter les membres transis de l'étranger, tandis que Myriam lui essuyait les cheveux avec le pan de sa jupe. Quelques instants plus tard, il revenait à la vie. Il remua ; ses paupières battirent et de sa poitrine sortit un long soupir. De le voir ainsi redonna espoir aux deux femmes compatissantes. Myriam s'occupa de lui enlever les chaussures et de le débarrasser de son manteau mouillé. Soudain, elle s'écria : « Mère, vois-tu ces habits ? On dirait ceux d'un moine. » Rachel qui venait de raviver le feu de la cheminée à l'aide de quelques brindilles sèches, posa sur elle des yeux étonnés, disant : « Aucun moine ne se hasarderait à sortir en pareille nuit. Aussi je me demande ce qui a bien pu inciter ce malheureux à mettre sa vie en péril. »

« Mère, et puis regarde, continua Myriam : il est imberbe. Les moines, eux, n'ont-ils pas d'épaisses barbes ? » La mère jeta sur le jeune homme un regard plein de sollicitude maternelle et, avec un soupir, conseilla à sa fille :

« Prends soin de bien sécher ses pieds ; il n'importe qu'il soit moine ou criminel ! »

Là-dessus, elle sortit d'un coffre en bois une petite outre de vin, dont elle remplit une coupe.

« Aide-le à redresser sa tête, recommanda-t-elle à sa fille, que je lui fasse boire un peu de vin pour le ravigoter. »

Rachel approcha la coupe des lèvres du jeune homme qui, après avoir bu quelques gouttes de vin, ouvrit les yeux. Il dévisagea ses sauveteurs. Et son regard était doux et triste ; ses yeux emplis de larmes de gratitude. C'était le regard d'un être qui sent la caresse de la vie après avoir éprouvé la poigne de la mort — le regard de l'espoir retrouvé. Inclinant la tête, il dit d'une voix mal assurée : « Que Dieu vous bénisse. »

Rachel immédiatement posa la main sur son épaule, disant : « Frère, ne te charge donc pas inutilement du fardeau de la parole. Garde le silence jusqu'à ce que tes forces te soient rendues. » Et Myriam d'ajouter : « Viens plus près du feu et laisse ta tête reposer sur ce coussin. »

Le jeune homme s'exécuta de bonne grâce. Pendant ce temps, Rachel lui remplissait une deuxième coupe de vin et conseillait à sa fille d'étaler le manteau près de l'âtre pour l'y faire sécher. Ce que Myriam fit. Dès après, elle s'enfonça dans son siège et, de là, détailla l'étranger avec douceur et compassion, comme si elle voulût réchauffer et fortifier son corps délabré.

Bientôt Rachel posa devant lui une miche de pain, du miel, ainsi que des fruits secs. S'étant assise à son côté, elle le fit manger, bouchée après bouchée, jusqu'à satiété, comme le fait une mère pour son enfant. Ses forces lui revenant, il s'assit par terre sur le tapis, devant l'âtre, où les flammes rougeoyantes éclairaient ses traits tirés et jetaient une lueur dans ses yeux tristes. Secouant faiblement la tête, il parla ainsi : « Dans le cœur de l'homme la commisération et la cruauté sans cesse s'affrontent, à l'instar des éléments en cette nuit d'encre. Mais la commisération, par son appartenance divine, l'emportera sur la cruauté, et l'épouvante de cette nuit s'évanouira au lever du jour. » Ayant dit, il resta un instant sans parler puis, d'une voix sourde, à peine audible, il poursuivit : « Des mains impitoyables m'ont jeté dans le désespoir, d'autres m'en ont délivré. O combien sévère la cruauté de l'homme, mais ô combien généreuse aussi sa commisération ! » A ces mots, la voix de Rachel, douce et sereine, s'éleva, pleine de tendresse maternelle, pour lui faire cette question : « Comment as-tu osé quitter le monastère en pareille nuit, crainte même par les loups et les aigles, qui les uns vont en hâte se tapir dans les cavernes, et les autres chercher abri sous les rochers ? »

A cette question, l'étranger ferma les paupières, comme s'il voulût ravaler ses larmes jusqu'au plus profond de son cœur. Il répondit : « Les renards ont des tanières et les oiseaux du ciel des nids ; le Fils de l'homme n'a, lui, nulle part où poser sa tête ». Et Rachel d'enchaîner : « Ainsi parlait Jésus de Nazareth de Lui-même quand un des scribes Lui demanda s'il pouvait Le suivre partout où Il irait. » Et le jeune homme de conclure : « Ainsi parlent tous ceux qui s'efforcent de vivre conformément à l'esprit et à la vérité en ce siècle de mensonge, de corruption et de tromperie. »

Rachel d'abord resta silencieuse, réfléchissant aux paroles entendues. Après un moment, d'une voix hésitante, elle lui demanda : « Que je sache, les cellules du monastère sont spacieuses ; les coffres y regorgent d'or et d'argent, les greniers de blé et les caves de vin, les étables de veaux et de moutons gras. Pourquoi, dès lors, être parti à l'aventure ? »

« Parce qu'on m'y a contraint » fut la réponse, et l'on entendit un soupir.

Rachel fit aussitôt cette remarque : « La situation du moine est analogue à celle du soldat. Le prieur réprimande l'un, et celui-ci ne dit mot ; le commandant donne un ordre à l'autre qui l'exécute sur-le-champ. Etre moine implique, dit-on, de savoir se départir de tout dessein, pensée ou désir personnel, de tout ce qui touche l'ego. Je pense néanmoins qu'un maître avisé n'exige pas l'impossible. Aussi, pourquoi le prieur de Deir Kizhaya a-t-il voulu te faire perdre la vie dans la tempête et la neige ? » Le jeune homme expliqua, disant : « Au regard du prieur, l'on n'est moine qu'à condition d'être aveugle et sourd, inintelligent et insensible. Si j'ai dû quitter le monastère c'est parce que, au contraire, je voyais et entendais. »

A ce point, Rachel et Myriam se mirent à détailler leur hôte, comme si elles eussent lu sur sa face un secret intime. Au bout d'un instant, Rachel, d'un air étonné, lui demanda : « Un homme qui entend et voit, s'en va-t-il sur les routes en une nuit qui rend aveugle et sourd ? »

L'étranger poussa un soupir et inclina la tête vers la poitrine. D'une voix grave, il laissa tomber ces mots : « J'ai été chassé du monastère. »

« Chassé ! » s'exclama Rachel, tandis que Myriam se répétait le mot à voix basse.

Le jeune homme releva la tête, regrettant déjà sa franchise, car il craignait que leur compassion ne se changeât en accusations ou en mépris. Aussi fut-il bien surpris de ne rencontrer dans leurs regards que tendresse et soif de comprendre. Fort de cette constatation, il poursuivit d'une voix étranglée sa confession : « Le vrai, c'est que j'ai été chassé du monastère pour ne m'être pas résigné à me laisser enterrer vivant. J'ai été chassé pour avoir refusé de continuer à vivre dans le mensonge, la tromperie et parmi l'opulence — sur le dos des miséreux et infortunés paysans. J'ai été chassé parce que mon âme s'était détournée des plaisirs achetés avec le patrimoine d'un peuple enlisé dans l'ignorance ; parce que je ne trouvais plus le repos dans les salles spacieuses construites par le peuple des taudis ; que je ne digérais plus le pain pétri avec les larmes de la veuve et de l'orphelin. J'ai été chassé parce que ma langue était devenue inerte, ne voulant plus réciter les prières que le prieur vendait aux humbles fidèles pour de l'argent. J'ai été banni du monastère comme un pestiféré, pour avoir lu aux moines ces passages du Livre leur indiquant leurs devoirs. »

Ayant ainsi parlé, l'étranger retomba dans le silence, cependant que Rachel et Myriam le dévisageaient avec stupéfaction. Elles contemplaient la beauté triste de sa face, puis se regardaient l'une l'autre, se demandant quelle main inconnue l'avait fait passer près de leur demeure. La mère souhaitait ardemment connaître la réponse. Aussi, fixant sur lui ses yeux si bons, elle l'interrogea plus avant : « Où sont ton père et ta mère ? Sont-ils encore en vie ? » « Non, répondit le jeune homme d'une voix brisée, j'ai perdu et mon père et ma mère ; je suis sans foyer. »

Entendant cela, Rachel poussa un profond soupir. Myriam, pour elle, tournait la tête vers le mur dans le souci de cacher les larmes que la pitié lui arrachait. L'étranger jeta aux deux femmes le regard du vaincu sur ses libérateurs. Leur bonté le revigorait, ainsi qu'une fleur poussant en sol aride l'est au contact de la rosée au matin.

Redressant la tête, il reprit le fil de son récit : « A la mort de mes parents — je n'avais pas encore sept ans — le prêtre du village me confia aux moines de Deir Kizhaya, lesquels, ayant besoin d'un pâtre, furent contents de mon arrivée. Quand j'eus quinze ans, ils me vêtirent d'affreux vêtements noirs et, me faisant agenouiller devant l'autel, me dirent : « Jure devant Dieu et les saints de faire vœu de pauvreté, d'obéissance et de chasteté. » Ces mots, je les ai répétés sans saisir ni leur portée ni leur sens, et sans voir l'étroit sentier sur lequel ils me jetaient. Mon nom était Khalil, mais de ce jour ils m'appelèrent Frère Mubarak (1), encore que jamais ils ne me traitassent en frère. Ils mangeaient une nourriture riche, moi du pain sec et des fèves. Ils buvaient des vins

1. Mot arabe signifiant « béni ».

capiteux, moi de l'eau mêlée à mes larmes. Ils dormaient dans des lits confortables, moi sur un banc de pierre dans une pièce lugubre et glacée, dans le voisinage des cochons. Etant moine comme eux, me suis-je un jour dit, j'ai droit à leurs réjouissances et plaisirs. Mes yeux ainsi ne seront plus excités inutilement par les vins abondants, ni mes narines chatouillées cruellement par l'exquis fumet de leur nourriture ; non plus que mon esprit ne tremblera en entendant la voix du prieur. Hélas ! vaines étaient mes aspirations et rêves : je restai dans ma charge, portai plus que jamais de lourdes pierres sur mes épaules et creusai la terre à la force de mes bras. Je continuai de peiner, bien que je ne reçusse en échange que des croûtes de pain et un gîte inconfortable. En ce temps, j'ignorais qu'il existât des lieux autres que le monastère où je puisse vivre, car les moines m'avaient exhorté à ne croire qu'à leur mode de vie. Ils avaient inculqué à mon esprit la soumission et le désespoir afin que je considérasse le monde comme un océan de chagrins et d'infortunes, et le monastère comme le havre du salut. »

A ce point, Khalil se remit sur son siège, et son air hagard le quitta soudain. Ses yeux brillaient. On eût dit que devant eux se déployait une merveilleuse vision. Rachel et Myriam l'observaient toutes deux sans mot dire. Après un instant, ses lèvres s'entr'ouvrirent. Il dit : « Le Ciel, dont la volonté fut de rappeler à Lui mes parents, faisant de moi un orphelin et m'exilant au monastère, ne souffrait pas que j'usasse mes jours à marcher en aveugle sur des sentiers périlleux ni que je restasse un pitoyable esclave toute ma vie. Il m'a ouvert les yeux et les oreilles, m'a éveillé à la lumière et au langage de la vérité. » Entendant cette dernière phrase, Rachel, d'un air dubitatif, lui dit : « Y aurait-il donc une lumière autre que celle du soleil qui brille pour tous ? L'homme aurait-il pouvoir de connaître la vérité ? » Khalil lui repartit : « La véridique lumière est celle qui irradie du cœur de l'homme. Elle lui révèle les secrets de son âme et, par-là, le fait se réjouir dans la vie et chanter les louanges de l'Esprit. La vérité, à l'instar des étoiles, n'est visible que dans la nuit et, à l'exemple des merveilles de la vie, ne se dévoile qu'à ceux qui ont démasqué le mensonge. La vérité est un sentiment intime qui nous incite à la joie et nous la fait souhaiter à chacun de nos frères. » Là-dessus, Rachel l'interrompit, faisant cette remarque : « Maints hommes sont convaincus de posséder la vérité et la prennent pour la loi divine dictée à l'homme. Cela ne leur donne pas le bonheur. Bien au contraire, car ils vivent dans le désarroi toute leur vie durant. »

Khalil lui rétorqua : « Vains sont les enseignements et les croyances quand ils rendent l'homme malheureux dans son existence ; dénaturés sont les sentiments qui causent affliction et désespoir. L'homme a mission de trouver le bonheur sur la terre ; il se doit de marcher dans la vie, heureux, répandant sa joie en quelque lieu qu'il se trouve. En ce monde, nous ne sommes pas des réprouvés, mais des enfants ignorants ayant à charge de découvrir les merveilles de la vie et les secrets de l'âme, d'adorer l'esprit universel et éternel. Voilà la vérité que j'ai pressentie quand je lisais les enseignements de Jésus le Nazaréen, la lumière qui a éclairé mon être intime, me faisant entrevoir le monastère comme un abîme d'où d'étranges fantômes se levaient pour m'anéantir. Voilà le secret que me révélait la beauté des paysages, alors qu'affamé et pleurant j'étais assis sous les frondaisons. Mais, au jour où mon esprit devint ivre du vin divin, je me suis enhardi. »

« Aux moines assis dans le jardin, semblables à des vaches ruminantes, j'ai révélé mes pensées et récité ces passages du Livre qui leur montraient leurs errements et péchés. Je leur ai dit : « Pourquoi passer vos jours en retrait à jouir de la charité des pauvres, à manger le pain qu'ils pétrissent avec leur sueur et leurs larmes, à vous réjouir de la fertilité des terres que vous leur avez ravies ? Pourquoi vivre dans l'oisiveté et la paresse, à l'écart de ceux qui ont besoin d'instruction, pourquoi leur refuser votre force physique et spirituelle ? Jésus de Nazareth voulait que, parmi les loups, vous fussiez des agneaux. En vertu de quel enseignement êtes-vous donc devenus les loups ? Pourquoi vivre séparés de vos frères, que Dieu a créés semblables à vous en tous points ? Si de tous ceux qui avancent dans le cortège de la vie vous êtes les plus vertueux, instruisez ceux qui le sont moins. Comment peut-on faire vœu de pauvreté et cependant vivre comme des princes ? Faire vœu d'obéissance et cependant vivre contrairement aux Evangiles ? Faire vœu de chasteté et cependant vivre dans la convoitise ? Vous vous mortifiez, mais ne faites que détruire vos âmes. Vous vous prétendez au-dessus des choses terrestres, mais êtes avides comme personne. Vous prétendez mener une vie ascétique et chaste mais, à l'exemple des vaches, ne vous souciez que de brouter la meilleure herbe des pâturages. Rendez aux villageois indigents leurs terres et retournez-leur les richesses que vous leur avez subtilisées. Dispersez-vous à la manière des oiseaux dans le ciel, et servez la multitude sans forces qui fait votre pouvoir. Rendez-lui le droit à l'abondance que vous lui avez usurpé. Apprenez à ces désespérés à sourire aux jours, à se réjouir des dons du ciel, de la vie libre et triomphante. Car la dure existence du peuple est chose plus belle et noble que votre vie passée dans le luxe ; la pitié dans le cœur d'un frère plus touchante que la vertu repliée en ces murs ; un mot de réconfort chuchoté à l'oreille du faible, du criminel ou de la prostituée de plus grand prix que les prières récitées au temple. »

A ce point, Khalil se tut un instant afin de reprendre son souffle. Puis, regardant tour à tour Rachel et Myriam, il poursuivit d'une voix sourde :

« Tandis que je parlais ainsi, je vis l'étonnement et la surprise se peindre sur le visage des moines. Ils semblaient avoir du mal à concevoir qu'un simple pâtre eût l'audace de leur parler de la sorte. Au reste, dès que j'eus fini de parler, l'un d'eux s'avança et d'un air sombre me dit : « Ah ! misérable créature ! comment oses-tu parler ainsi ! » Et un autre me jeta d'un ton railleur : « Est-ce en frayant avec les vaches et les cochons que tu as appris cette sagesse ? » Un troisième vint à moi, proférant cette menace : « Tu vas voir le sort que nous réservons à un hérétique de ton espèce ! » Là-dessus, il se retirèrent tous, me fuyant comme un lépreux. D'aucuns s'en furent trouver le prieur pour se plaindre de mon comportement. Et, le soir même, devant l'assemblée des moines — et à leur grande satisfaction — il me réprimanda, puis ordonna que je fusse flagellé. Ce supplice terminé, l'on me mit au cachot. Dans une cellule humide et lugubre, je restai un mois plein, allongé sur la terre battue, dans le noir, à sentir les insectes ramper et me courir sur le corps, sans jamais savoir si c'était jour ou bien nuit, sans rien entendre sinon le pas du moine qui posait devant moi un morceau de pain sec et une cruche d'eau mélangée à du vinaigre. »

« A ma sortie de prison, quand les moines me virent délabré et blême, ils en conclurent que l'ardeur en mon esprit s'était éteinte ; que la faim, la soif et les autres privations avaient eu raison des sentiments que Dieu avait éveillés en moi. Ils se trompaient, car, dans la solitude, jour après nuit, je méditais le moyen d'ouvrir leurs yeux à la lumière et leurs oreilles aux chants de la vie. Bien en vain, car le voile que les âges avaient tissé devant leurs yeux, puis consolidé, ne se pouvait déchirer en quelques jours ; pas plus que le limon accumulé sur leurs tympans par l'ignorance ne se pouvait enlever par un simple toucher de doigt. »

Après un silence ponctué de soupirs, Myriam se tourna vers sa mère, comme pour lui demander la parole puis, jetant un regard triste sur Khalil, elle lui fit cette question : « Est-ce pour leur avoir parlé encore qu'ils t'ont chassé en cette nuit de terreur, qui pourtant incite à prendre en pitié même ses ennemis ? »

Khalil expliqua : « Hier soir, alors que la tempête croissait en violence et que tous les éléments se ralliaient dans la bataille, j'étais assis dans un coin. Non loin de là, devant l'âtre, les autres moines se réchauffaient, tout en se racontant des histoires drôles. Je lisais les Evangiles, méditant ces mots grâce auxquels l'esprit trouve son réconfort, malgré le courroux de la nature et la colère des éléments. Quand les moines m'avisèrent ainsi à l'écart, ils en firent le prétexte pour me plaisanter, voire pour me railler. D'aucuns vinrent vers moi, riant, me faisant des clins d'œil et d'autres gestes signifiant la moquerie. Je fis semblant de ne voir ni d'entendre. Le Livre fermé, je regardais par la fenêtre. Mais mon silence les indisposa et aiguisa leur hostilité. L'un d'eux me demanda : « Peut-on savoir ce que lit notre puissant réformateur ? » Sans même le regarder, je rouvris le Livre et leur lus à haute voix ce passage : *« Et il dit à la multitude qui était venue se faire baptiser : Engeance de vipères, qui vous a montré à fuir la colère prochaine ? Faites donc un fruit digne du repentir, et ne vous avisez pas de dire en vous-mêmes : Nous avons pour père Abraham. Car je vous dis que Dieu peut, des pierres que voici, faire surgir des enfants à Abraham. Déjà la cognée se trouve posée à la racine des arbres : tout arbre donc qui ne fait pas de bon fruit est coupé et jeté au feu* (1). »

Tandis que je lisais ces paroles de Jean-Baptiste, les moines retournèrent en silence vers l'âtre, comme poussés par une main mystérieuse. Bientôt, pourtant, ils se remirent à rire et à converser ; et l'un d'eux dit à mon adresse : « Tant de fois nous avons ouï ces paroles, et sans le secours d'un gardien de vaches. » Je lui répliquai : « Si vous les aviez lues comme il faut et comprises vraiment, les habitants des villages à l'entour ne grelotteraient pas de froid ni ne gémiraient de faim, tandis que vous vivez allégrement de leurs richesses, buvez le vin de leurs vignes et mangez la chair de leurs bêtes. » Je n'avais pas plus tôt prononcé ces mots, que l'un d'eux bondit sur moi et me souffleta —

1. Matthieu 3.7-11 (dans la traduction d'Emile Osty - Editions du Seuil).

comme pour me punir d'avoir proféré des niaiseries — qu'un autre me donna un coup de pied, qu'un troisième m'arracha le Livre des mains, qu'un quatrième appela le prieur. Celui-ci accourut et, dès qu'on l'eut informé de l'incident, il se dressa de toute sa hauteur, sourcils froncés, tremblant de rage. Il clama : « Emparez-vous de ce pécheur invétéré et traînez-le dehors. Les éléments rageurs lui apprendront l'obéissance. Jetez-le dans le froid et la nuit, laissant la nature faire de lui ce qu'à Dieu il plaira. De retour ici, lavez-vous les mains, en sorte de les débarrasser du poison de l'hérésie qui imprègne ses vêtements. Si d'aventure il revenait, ne rouvrez pas la porte. Car, vipère mise en cage ne devient pas colombe pour autant, de même qu'épinier dans une vigne ne saurait porter de fruits. »

« A ces mots, deux moines m'empoignèrent au collet. Ils me jetèrent dehors, puis revinrent sur leurs pas en riant aux éclats. Au moment de refermer la porte, l'un des deux cria à mon adresse et sur un ton moqueur : « Hier, tu régnais sur des troupeaux de vaches et de cochons ; aujourd'hui, ô réformateur, nous te détrônons pour avoir fait un mauvais jeu. Va, règne désormais sur les loups voraces et les oiseaux prédateurs. Enseigne-leur à vivre dans les grottes et les tanières ! »

Ayant ainsi parlé, Khalil soupira profondément. Il tourna la face vers l'âtre et se mit à fixer les flammes vacillantes. Quand de nouveau il parla, ce fut d'une voix où l'on devinait la sensibilité écorchée. Il dit : « C'est ainsi que les moines se sont débarrassés de moi ; qu'ils m'ont laissé aux mains de la mort. Quand la porte se fut refermée, je décidai de diriger mes pas vers la route, que me cachait l'épais rideau de neige. Le vent violent soulevait ma robe et les flocons venaient s'amonceler sur mes genoux. Les forces ne tardèrent pas à me manquer et je tombai, criant à l'aide, désespérément, avec le pressentiment que personne ne m'entendrait, sinon la mort terrifiante et la vallée morne et déserte. Je me trompais, car, par-delà le vent et la neige, par-delà les ténèbres et les nuages, l'éther et les étoiles, une Puissance, omnisciente et toute compatissante, entendit mon appel. Elle ne consentait point à ma mort avant que de m'avoir appris tous les secrets de la vie. Elle me conduisit à vous, afin que vous me tiriez de mon abîme et m'épargniez l'anéantissement. »

Les deux femmes jetaient sur Khalil force regards étonnés et admiratifs. Leurs cœurs comprenaient profondément ce que son propre cœur célait et, ainsi, s'unissaient au sien dans la connaissance et la sensibilité. Rachel, d'un geste spontané, posa sa main sur celle de Khalil et, les yeux embués de larmes, lui dit : « Quiconque a été choisi par le Ciel pour défendre ce qui est droit, ni l'oppression ni la neige ni la tempête ne le peuvent détruire. » Et Myriam d'ajouter dans un murmure : « La neige et la tempête détruisent la fleur, non point la graine. »

Ces mots réconfortèrent Khalil. Sa face rayonnait, ainsi qu'à l'aube la ligne d'horizon dispense les premiers rayons de soleil. Il se contenta de répondre : « Si, à la différence des moines, vous ne voyez en moi ni un rebelle ni un hérétique, ma persécution passée ne sera désormais plus que le symbole des dures souffrances qu'il faut endurer pour atteindre à la connaissance. Cette nuit, qui a failli avoir raison de ma vie, est comparable à la lutte des peuples avant les temps de liberté et d'égalité. Car, n'est-ce point du cœur sensible de la femme que naît le bonheur du règne humain ? Dans son noble esprit que naissent les nobles sentiments ? »

Ayant ainsi parlé, Khalil renversa la tête sur son coussin. Les deux femmes se gardèrent de l'interroger plus avant, car elles avaient vu que le sommeil, dont le délassement et la chaleur avaient favorisé la venue, alourdissait ses paupières. Très vite, d'ailleurs, elles se fermèrent et il s'endormit paisiblement, ainsi qu'un enfant entouré des soins de sa mère. Rachel se leva sans faire de bruit, et Myriam fit de même. Assises sur leur lit, elles restèrent à le détailler, comme si de sa face émaciée irradiait une force inspiratrice et irrésistible. La mère murmura ces mots : « De ses paupières closes émane une étrange force qui converse avec le silence et éveille les aspirations de l'esprit. » Et Myriam d'ajouter : « Ses mains, mère, ressemblent à celles de Jésus sur l'icône suspendue à un mur de notre église. » La mère ajouta : « Son visage si triste allie la tendresse féminine à la puissance masculine. »

Les deux femmes ne tardèrent pas à être emportées sur les ailes du sommeil au pays des songes. Les braises se refroidissaient dans l'âtre, devenant cendres, et l'huile de la lampe finissait de se consumer. La flamme rapetissa, vacilla, puis s'éteignit. Dehors, la tempête continuait de faire rage et le ciel noir de se secouer de sa neige, dont le vent impétueux s'emparait pour l'aller précipiter jusqu'aux moindres recoins de la vallée.

4

Deux semaines s'étaient écoulées depuis cette effroyable nuit. Le ciel restait couvert et parfois la neige tombait en tumulte, tendant la vallée de brume, ensevelissant les champs sous un manteau toujours plus épais. Par trois fois Khalil parla de poursuivre sa route vers la côte ; par trois fois Rachel l'en dissuada gentiment, disant : « Ne remets pas ta vie entre les mains des éléments aveugles, reste donc avec nous. Car, le pain qui suffit à deux sera assez pour trois, et les flammes couraient dans l'âtre avant ton arrivée et ainsi feront après ton départ. Nous sommes pauvres, certes, mais Dieu est là qui pourvoit à nos besoins quotidiens. »

Avec de doux regards et des paroles bienveillantes, Myriam le priait à son tour de retarder son départ. De fait, depuis le soir où sa mère et elle-même l'avaient ramassé presque mourant près de leur demeure, elle sentait en lui une force divine qui donnait vie et clarté à son propre être intime, l'imprégnant d'une douceur inaccoutumée. Elle s'éveillait à ce sentiment étrange au contact duquel un cœur innocent s'ouvre, ainsi que le fait une fleur quand elle boit les gouttes de rosée et exhale des senteurs suaves. Aucune émotion n'égale en pureté et en douceur le sentiment secret qui appelle à la vie le cœur d'une jeune fille et comble son esprit de mélodies enchanteresses, transformant ses jours en un rêve de poète et ses nuits en une vision prophétique. De tous les mystères de la nature, le plus profond, le plus merveilleux aussi, est certes l'aspiration par laquelle le cœur d'une adolescente se secoue de sa torpeur et, oubliant les jours passés, inhale la vie et ses délices grâce aux espérances des lendemains.

La femme libanaise a de singulier la vigueur de ses amitiés et la simplicité de ses sentiments. De fait, son éducation, qui entrave son développement intellectuel et fait obstacle à son émancipation, l'incite à explorer son âme et son cœur afin d'en comprendre les mystères. L'adolescente libanaise pourrait se comparer à une source surgie du cœur de la terre en un terrain trop plat et qui, ne pouvant se tracer un cours, s'étale en un lac paisible dont les eaux reflètent la lune et les étoiles.

Khalil sentait que l'âme de Myriam, telles des vagues, venaient baigner les rivages de son être ; il comprit ainsi que la flamme sacrée, qui consumait son cœur, brûlait également en elle. Et il en tressaillait d'aise, à la manière d'un enfant égaré qui soudain retrouve sa mère. En même temps, il réprimandait son esprit pour sa hâte et son cœur pour sa passion car, se disait-il, le jour où je partirai du village cette entente spirituelle se disloquera à la manière de lambeaux de brume. Et il s'interrogeait en ces termes : « Mais d'où viennent donc ces mystérieuses forces dont nous sommes les instruments ? De quelle nature sont ces lois qui tantôt nous jettent sur de durs sentiers, tantôt nous remplissent d'allégresse ; qui nous transportent là-haut dans l'éther en ces jours où de joie nous exultons, puis qui nous précipitent dans les abîmes où de désespoir nous hurlons ? Que cèle cette vie qui tel jour nous étreint avec tendresse, tel autre nous fuit comme un ennemi ? Hier, l'on me détestait et me méprisait. Mais les moqueries et les tourments ne les acceptais-je point parce que j'aimais cette vérité que le Ciel a déposée en mon cœur ? Ne disais-je pas alors aux moines que Dieu voulait que l'homme fût heureux. Aussi, que crains-je, pourquoi fermé-je les yeux, détourné-je la tête pour me cacher la lumière qui brille dans les yeux de

Myriam ? Certes, je suis un réprouvé et elle est pauvre, mais l'homme ne vit pas seulement de pain. L'existence implique le manque et la plénitude ; nous allons de la pénurie à l'abondance, comme les arbres de la nudité à la feuillée. Seulement, il y a Rachel. Comment réagirait-elle si elle apprenait que sa fille et moi avons atteint l'indicible compréhension, que nous sommes proches du cercle de la lumière suprême ? Que dirait-elle si on lui annonçait que le jeune homme qu'elle a arraché d'entre les griffes de la mort a formé le dessein d'épouser sa fille ? Et les humbles villageois, que diraient-ils s'ils apprenaient qu'un moine chassé du monastère s'est installé en leur village et qu'il veut vivre aux côtés d'une jeune fille si belle ? Ne feraient-ils pas mine de ne pas comprendre si je leur expliquais que ce moine est pareil à un oiseau : qu'il préfère la lumière et la liberté à l'étroitesse d'une cage ? Et le cheik Abbas, quelle serait sa réaction si on lui rapportait mon histoire ? Que ferait le prêtre du village s'il ouïssait ces faits qui ont causé mon expulsion du monastère ? »

Tandis que Khalil conversait ainsi avec lui-même, debout près de l'âtre, les yeux fixés sur les langues de feu qui allaient si bien avec ses sentiments, Myriam lui jetait de temps en temps un coup d'œil furtif, essayant de lire ses rêves en ses yeux, de décrypter ses pensées qui s'échappaient en soupirs de sa poitrine, de pressentir les secrets les plus intimes de sa conscience.

Un soir, Khalil alla à la fenêtre donnant sur la vallée. Quand Myriam vint l'y rejoindre, il se tourna vers elle. Mais, aussitôt que ses yeux rencontrèrent ceux de la jeune fille, il émit un profond soupir et détourna la tête en fermant les yeux. On eût dit qu'il désirait fouiller les vastes espaces de son esprit pour y trouver les mots à dire. Là-dessus, Myriam ramassa son courage et lui dit : « Où iras-tu quand la neige sera fondue et les routes redevenues praticables ? » Il rouvrit ses grands yeux et, fixant le lointain horizon, lui répondit : « Sur la route, vers une destination inconnue. » A cette pensée, Myriam ne put s'empêcher de frémir. Elle lui suggéra : « Pourquoi ne pas t'établir dans le village ? La vie n'y serait-elle pas plus douce qu'en une lointaine terre d'exil ? »

Ces mots, sortis de sa bouche ainsi qu'une mélodie, lui plongèrent le cœur dans la tourmente. Il dit : « Les habitants du village ne souffriraient pas d'avoir pour voisin un moine proscrit ni même de respirer le même air que lui, tant ils sont persuadés qu'un hérétique aux yeux des moines a de même été damné par Dieu et tous les saints. »

Myriam ne put que soupirer, car d'entendre cette dure vérité la rendait muette. Khalil posa la tête dans la main et reprit : « Les villageois ont appris des moines et des prêtres à haïr ceux qui pensent par eux-mêmes ; à s'écarter du chemin de ceux qui s'emploient à comprendre au lieu de simplement imiter. Si, me fixant dans ce village, je disais aux gens : « Mes frères, adorons Dieu suivant les commandements de l'Esprit, non point selon le goût des prêtres, car Dieu n'aime pas l'adoration ignorante et imitative », ils me taxeraient d'hérésie, de rébellion à l'autorité dont Dieu a investi Ses prêtres. » Si, de plus, je leur disais : « Mes frères, écoutez la voix de vos cœurs et agissez en accord avec la volonté de l'esprit au-dedans de vous », ils diraient que je suis un méchant qui les incite à désobéir à ceux que Dieu a placés sur la terre en tant que Ses intercesseurs. »

Khalil plongea son regard dans celui de Myriam et, quand il parla de nouveau, il y avait dans sa voix le son si subtil des cordes d'argent. Il dit : « Pourtant, dans ce village, une force mystérieuse exerce sur moi son emprise ; une puissance supérieure efface de ma mémoire les persécutions endurées au monastère, allant jusqu'à me faire aimer l'implacable décision des moines. En ce village, Myriam, j'ai vu la mort se dresser devant moi, mais j'ai également senti l'étreinte divine en mon cœur. En ce village, une fleur pousse parmi les épines, après laquelle mon cœur soupire et dont le suave parfum m'enivre. Aussi, je m'interroge, disant : « Dois-je laisser cette fleur, et partir pour crier les principes qui m'ont valu d'être banni du monastère ? Ou bien dois-je rester près d'elle, et enterrer mes pensées et rêves parmi les épines à l'entour ? »

En entendant ces mots, Myriam trembla, à la manière d'un lis devant la brise à l'aurore. La lumière débordait de son cœur, venant éclairer son visage. Son envie de répondre à Khalil était si grande, qu'elle l'emporta sur sa timidité. Elle dit : « Nous sommes l'un et l'autre le jouet d'une force secrète, compatissante et juste ; qu'elle fasse de nous selon ses desseins. »

5

Depuis des temps reculés, les privilégiés s'entendent avec le clergé et les chefs religieux pour se liguer contre le peuple. A cet état de choses l'on ne peut remédier qu'en chassant l'ignorance du monde, qu'en rendant à l'esprit sa souveraineté et en faisant les cœurs pareils à des sanctuaires.

Le privilégié fait bâtir sa demeure en épuisant les forces du faible et le prêtre élève son église sur la tombe de l'humble dévot. Le souverain immobilise les bras du miséreux et, pendant ce temps, le prêtre lui vide les poches. Dans les champs, celui-là se promène en jetant sur les enfants un regard sévère, tandis que celui-ci leur adresse des sourires. Le regard sévère du tigre et le sourire du loup ensemble suffisent à décimer le troupeau. Le premier représente la loi, le deuxième la religion ; par l'un les corps sont brisés, par l'autre les esprits étouffés.

De nos jours, au Liban, ce pays montagneux si riche en soleil mais bien pauvre en connaissance, la noblesse pactise avec le clergé. Ils assujettissent les paysans par le labeur ; et ceux-ci acceptent, voulant se préserver de l'épée de l'un et des malédictions de l'autre. Le privilégié, on le voit qui parade dans le voisinage de son palais, s'adressant au peuple en ces termes : « Le sultan m'a désigné comme gardien de vos corps (1) », tandis qu'on entend le prêtre clamer comme

1. En ce temps, la Syrie et le Liban étaient l'une et l'autre sous domination ottomane.

en écho du haut de sa chaire : « Dieu m'a nommé gardien de vos âmes ». Et le peuple du Liban se soumet, apathique, à cette situation. Voudrait-il se rebeller qu'il ne le pourrait, car, à l'image des morts dans les tombes, leurs corps sont brisés et les larmes de leurs yeux taries.

Le cheik Abbas, gouverneur souverain du village, avait pour les moines une grande vénération. Il suivait à la lettre leurs enseignements et traditions. De fait, comme eux, il œuvrait à l'étouffement de la connaissance et veillait au maintien de l'obéissance. Le soir donc où Khalil et Myriam se tenaient ensemble devant le trône de l'amour, le Père Ilyas, prêtre du village, s'en fut chez le cheik Abbas et lui relata comment les moines pieux avaient chassé du monastère un jeune homme rebelle et pervers. Il s'empressa d'ajouter que l'hérétique et blasphémateur personnage avait passé ces quinze derniers jours au village, dans la demeure de Rachel, veuve de Sam'an El-Rami. Mais le Père Ilyas, non seulement énonça les faits, mais les commenta ainsi : « Le Diable chassé d'un monastère, on ne peut s'attendre à ce qu'il devienne ange au village, pas plus que la mauvaise herbe jetée dans le feu ne porte de fruits. Si donc nous voulons mettre le village à l'abri de la contagion, il nous faut suivre l'exemple des moines et chasser l'impie de sur notre territoire. »

A ce point, le cheik l'interrompit, disant : « Pourquoi cette crainte ? Ne pourrions-nous pas l'employer comme pâtre ou bien à garder nos vignes ? Nous avons, de plus, besoin de laboureurs. La route n'a pas porté jusqu'ici un robuste jeune homme pour rien. »

Le prêtre esquissa un sourire et, passant la main sur son abondante barbe, lui rétorqua : « Le jeune homme eût-il été bon à la tâche, les moines ne l'auraient pas renvoyé. Tu sais que les terres du monastère sont spacieuses et ses bêtes en grand nombre. Un muletier du monastère, qui gîtait chez moi l'autre nuit, m'a raconté que ce moine avait blasphémé le Livre et fait un discours subversif, ce qui indique sans conteste qu'il est possédé par le Malin. Il a poussé la hardiesse au point de dire : « Redistribuez aux pauvres villageois les champs du monastère, ses vignes et tous ses biens, car cela est mieux que la prière ou l'adoration. Le muletier m'a en outre dit que ni la flagellation ni les privations de l'emprisonnement n'avaient pu restaurer le sens à l'hérétique personnage. Bien au contraire. Le Diable qui l'habite, par là se fortifiait ainsi que des mouches sur un tas de fumier. »

Là-dessus, le cheik Abbas se dressa, raide, et recula d'un pas à la manière d'une panthère s'apprêtant à bondir. Il reste d'abord sans parler, ne faisant que grincer des dents et trembler d'indignation. Puis, il se précipita vers la porte, appelant ses serviteurs. Trois d'entre eux entrèrent et s'immobilisèrent devant lui, attendant les ordres. Il s'adressa à eux en ces termes : « Dans la maison de la veuve Rachel se cache un jeune homme habillé en moine. Allez-y sur-le-champ et ramenez-le ici les mains liées. Si la femme s'y oppose, empoignez-la par les cheveux et traînez-la dans la neige, car quiconque prête assistance à un vilain se rend comme lui coupable de mal. »

Les serviteurs se prosternèrent et sortirent sans tarder. Le cheik Abbas et le Père Ilyas, pour eux, se mirent à discuter du châtiment qu'ils allaient infliger à l'hérétique et à la veuve Rachel.

6

Le jour s'éteignait, et la nuit se fermait à mesure. A la faveur de l'ombre, les fantômes venaient rôder autour des masures enfouies sous la neige. Dans le ciel glacé, les étoiles scintillaient, comme autant de signes présageant l'éternité après les affres de la mort. Portes et fenêtres étaient bien closes, les lampes allumées. Devant l'âtre, les paysans se prélassaient, complètement oublieux de la nuit au-dehors.

Rachel, Myriam et Khalil étaient en train de souper. Soudain, ils entendirent des coups frappés à leur porte. Quand celle-ci s'ouvrit et que les trois serviteurs du cheik entrèrent, Rachel écarquilla les yeux de stupeur et Myriam jeta un cri d'effroi. Khalil, lui, resta imperturbé ; son noble esprit semblait l'avoir déjà prévenu de l'événement. L'un d'eux vint à lui et, posant brutalement la main sur son épaule, lui demanda d'une voie âpre : « Est-ce bien toi le moine chassé du monastère ? » Khalil lui répondit d'une voix lente : « Oui, pourquoi ? » L'homme lui signifia sans ambages : « Nous avons ordre de t'emmener ligoté chez le cheik Abbas. Si tu résistais, nous te traînerions dans la neige comme un agneau qu'on mène à l'abattoir. »

Rachel était debout, blême, les sourcils froncés. D'une voix tremblante elle demanda : « De quel crime le charge donc le cheik Abbas ? Pourquoi le vouloir ligoter et traîner dans la neige ? » Et Myriam d'enchaîner : « Il est tout seul et vous êtes trois. Ce serait lâche de le voir humilier et punir. »

Elle parlait avec espoir, d'une voix suppliante. Mais le serviteur en colère se contenta de hurler : « Y aurait-il dans ce village femme à oser se rebeller contre la volonté du cheik ? » Ayant dit, il sortit de sous sa ceinture une solide corde. Khalil restait impassible. La tête haut levée, il affrontait comme une tour la tempête, tandis que sur ses lèvres courait un triste sourire. Il parla ainsi : « Mes frères, je n'ai pour vous que de la pitié. Vous êtes d'aveugles instruments entre les mains d'un être qui, bien que doué de vue, est impuissant, et qui grâce à votre propre force vous opprime et anéantit les êtres faibles. Vous êtes les garants de l'ignorance. Or, l'ignorance, plus noire que face de nègre, encline aussi à maintenir la cruauté et la honte. Hier, j'étais comme vous êtes aujourd'hui, et demain vous serez comme je suis à présent. Aujourd'hui s'étend entre nous un fossé profond et large qui absorbe mes exhortations et vous cache la vérité. Vous n'entendez ni ne voyez... Mais, je me remets entre vos mains. Enchaînez-moi, faites ce qu'il vous plaira. »

D'entendre Khalil parler ainsi, décontenança les serviteurs du cheik. L'espace d'un instant, ils demeurèrent subjugués, comme paralysés par la douceur de sa voix. On eût dit qu'elle éveillait en eux de nobles sentiments en leur être intime. Mais ils ne tardèrent pas à recouvrer le sens. Sans doute la voix du cheik était-elle revenue frapper leurs oreilles qui leur rappelait la mission à accomplir. Ils s'empressèrent de lier les mains de Khalil et, sans mot dire, sortirent avec lui. Il n'empêche que dans leur être profond palpitait comme une sourde angoisse. Rachel et Myriam suivirent Khalil, ainsi que les filles de Jérusalem avaient accompagné Jésus au Mont du Calvaire. Dans son sillage elles marchèrent jusqu'en la demeure du cheik Abbas.

7

Dans les villages, les nouvelles — importantes ou triviales — circulent avec la rapidité de la pensée. Car, vivant dans un monde clos, leurs habitants ont tout loisir de s'occuper par le menu des faits et événements.

Dans les jours d'hiver, notamment, quand les champs et les vergers dorment sous la neige et que toute forme de vie se réfugie devant l'âtre à la recherche de chaleur, les villageois sont particulièrement friands de nouvelles. Ils aiment à passer leurs jours en commérages et leurs soirées à discuter des choses et des gens.

Les hommes du cheik Abbas n'avaient donc pas plus tôt mis la main sur Khalil, que la nouvelle se répandait, telle une épidémie, parmi les paysans. Poussés par la curiosité, hommes et femmes, de tous âges, sortaient des masures puis se regroupaient dans les ruelles, à la manière de soldats sur un champ de bataille. Khalil venait d'arriver dans la vaste entrée du palais du cheik et la multitude s'y bousculait déjà. Les cous se tendaient : les gens avaient hâte de dévisager le blasphémateur chassé du monastère, de même que la veuve Rachel et sa fille Myriam, qui toutes deux avaient accordé leur aide aux esprits malfaisants.

Le cheik Abbas était assis sur un haut siège avec, à son côté, le Père Ilyas. Les paysans et les serviteurs se tenaient debout, fixant durement Khalil qui, la tête bien droite, était comparable à un tertre au milieu d'une plaine. Derrière lui,

Rachel et Myriam jetaient des coups d'œil craintifs sur la multitude. Mais, la peur a bien peu de pouvoir sur une femme qui, ayant vu la vérité, est déterminée à la suivre. Et comment les regards durs désarmeraient-ils une jeune fille venant de s'éveiller à l'appel de l'amour ?

Le cheik Abbas se mit à dévisager Khalil puis, d'une voix retentissante, lui demanda :

« — Quel est ton nom ?

— Khalil.

— Qui sont ton père et ta mère. Quels sont ton clan et ta tribu ? »

A cette question, Khalil se tourna vers les paysans qui lui jetaient des regards hostiles et méprisants. Il répondit : « Les pauvres et les opprimés sont mon clan et ma tribu, et en ce pays je suis né. »

Là-dessus, le cheik eut un sourire et d'une voix ironique il répliqua : « Ceux que tu dis être tes frères attendent ton châtiment, et la patrie que tu considères comme tienne te rejette. »

Ces mots mirent Khalil mal à l'aise. Il dit : « Les nations, dans leur ignorance, s'emparent de leurs plus nobles fils pour les livrer à de cruels tyrans. Dans les pays frappés par la disgrâce et le déshonneur l'on persécute ceux qui ont à cœur d'aimer et de délivrer le peuple. Néanmoins, aucun fils digne du nom n'abandonnerait sa mère malade, ni aucun homme compatissant ne rejetterait son frère dans le désespoir. Tes pitoyables serviteurs qui m'ont ligoté les mains et livré à toi, ne tendent-ils pas également le cou pour recevoir tes chaînes ? Ceux qui demandent ma disgrâce ne jettent-ils pas aussi la semence de leurs cœurs sur tes champs ? Ne déversent-ils pas leur vitalité à tes pieds ? Et ce pays qui me rejette est celui-là même qui n'ose abattre le tyran et le lâche. »

A ce point, le cheik Abbas fit entendre un rire sonore et grossier, comme s'il voulût désarmer Khalil, l'empêcher d'atteindre l'âme simple de ses auditeurs. Il lui dit : « N'as-tu pas été pâtre au monastère ? Pourquoi donc avoir dédaigné ta charge et t'être ainsi fait jeter dehors ? Crois-tu que le peuple se montrera plus indulgent envers un hérétique et un fou que les pieux moines ? » Khalil répliqua : « Pâtre je l'étais, certes, mais non criminel. Je menais mes bêtes sur de vertes prairies et de gras pâturages, non point sur un sol aride et rocailleux. Je les faisais boire à des sources pures, non point à des marécages. Au soir, je ne les abandonnais pas dans la nature, où elles eussent été la proie des loups, mais les ramenais aux enclos. Je prenais grand soin des troupeaux dont j'avais la charge. Si tu agissais avec le même souci à l'égard du troupeau hâve qui se presse en cette salle, tu ne vivrais pas en un palais, alors qu'il meurt de faim en de sombres et misérables chaumières. Si tu avais un tant soit peu pitié de ces humbles créatures de Dieu, tu ne serais pas assis dans un fauteuil tendu de soie, tandis qu'elles tremblent devant toi, à la manière d'arbres dépouillés quand souffle le vent du nord. »

Le cheik Abbas commençait à sentir en lui un malaise. Une sueur froide perlait à son front et son hilarité d'avant était tombée. Il se contint néanmoins, soucieux de ne pas laisser paraître son anxiété et son tourment à ses serviteurs et à sa cour. Il fit un geste de la main et s'exclama : « Espèce de mécréant ! Si nous t'avons traduit en justice ce n'est certes pas pour entendre tes discours délirants, mais plutôt pour nous prononcer sur ton vil comportement. Sache que tu te tiens devant le seigneur du village et l'exécuteur de la volonté de l'émir Amin-El-Shehabi (1) — que Dieu lui prête forces ! et devant le Père Ilyas, représentant notre Sainte Eglise, contre laquelle tu as fauté. Assure en conséquence ta

1. Fils du grand émir Bachir. Il fut gouverneur du Mont-Liban après la mort de son père.

défense, ou bien agenouille-toi devant nous et la foule moqueuse en signe de repentir, afin que nous t'accordions notre pardon et te rétablissions dans ta charge de pâtre. »

D'une voix lente, Khalil lui rétorqua : « Les criminels ne sont pas aptes à juger d'autres criminels, non plus que le relaps n'a à se justifier devant d'autres pécheurs. »

Ayant dit ces mots, il se tourna vers la multitude et, d'une voix mélodieuse et cristalline, enchaîna : « Mes frères, le cheik qui, grâce à votre soumission et à votre obéissance, s'est établi maître de vos champs, a donné ordre de m'amener ligoté en son palais construit sur les tombes de vos pères. L'homme qui se maintient dans sa charge de prêtre grâce à votre foi, est venu ici pour me juger et assister à mon avilissement et à mon humiliation. Et vous, en hâte, êtes accourus, afin d'être spectateurs de ma tourmente et d'entendre mes paroles de défense et mes supplications. Vous avez délaissé momentanément vos masures pour entendre les calomnies dont on abreuvera votre fils et frère. Vous avez couru jusqu'ici afin de voir la proie se ramasser entre les griffes d'une bête féroce, de dévisager à l'envi le criminel et le blasphémateur debout devant ses juges. »

« C'est moi le criminel, l'hérétique chassé du monastère et que la tempête a poussé jusqu'à votre village ; c'est moi le méchant. Prêtez l'oreille à mon histoire mais, de grâce, ne vous laissez point aller au sentiment de la pitié. Soyez équitables, au contraire. La pitié n'est destinée qu'aux coupables ; l'innocent, lui, s'attend seulement à ce que justice soit faite. Vous êtes mes juges, en ce que la volonté du peuple est aussi celle de Dieu. Soyez attentifs ; écoutez avec soin ce que j'ai à vous dire ; jugez-moi selon votre âme et conscience. »

« On dit que je suis un méchant, que je suis sans foi. Mais, savez-vous de quel crime l'on m'accuse ? Devant vous, je me tiens ligoté comme un malfaiteur — un criminel — mais vous a-t-on entretenu de mon crime ? Il est vrai qu'en ce pays, la justice ne révèle pas la nature des transgressions légales ; que seuls les châtiments sont publiés. Chacun peut y assister, les voir ainsi que les éclairs qui parcourent un ciel noir. Mon crime, ô hommes, c'est de savoir votre désespoir et les lourdes chaînes qui vous font ployer l'échine. Mon péché, ô femmes, c'est de compatir à votre sort et à celui de vos enfants, qui boivent à votre sein la sève de la vie mélangée au poison de la mort. Je suis pour vous un frère, car mes ancêtres ont vécu comme vous dans cette vallée où s'épuisent vos forces ; pareillement aux vôtres, ils sont morts sous le joug qui, ce jour encore, pèse sur vos épaules. Ma foi est en Dieu qui entend vos cris de détresse et qui voit en vos cœurs brisés. J'ai foi dans le Livre qui nous dit être tous égaux à la face du soleil. J'ai foi dans les enseignements qui nous libèrent, vous et moi, de l'assujettissement afin que, sur cette terre, nous vivions tous exempts de liens. »

« J'étais pâtre au monastère mais, d'être resté solitaire parmi les bêtes et dans la nature paisible, ne m'empêchait pas de voir la tragédie qu'inlassablement vous jouez, sur les champs, contre votre gré. Mon oreille ne cessait d'entendre les cris de désespoir que vous jetez en vos masures. Ainsi, je me suis aperçu que vous et moi étions comparables à un vaste troupeau se laissant conduire par un loup. J'ai crié, et le loup est aussitôt venu m'assaillir. Dans sa gueule il m'a enlevé, voulant éviter que par mon cri je n'incite le troupeau entier à la rebellion et à la dispersion, tant il craint la solitude de la nuit noire et la disette. »

« J'ai souffert l'emprisonnement, la faim et la soif pour l'amour de la vérité inscrite en lettres sanglantes sur vos fronts. J'ai enduré toutes sortes de tourments pour avoir osé reprendre à voix haute vos sourdes lamentations. D'entendre vos pleurs et gémissements m'a fortifié l'âme, si bien que les persécutions, les moqueries et la mort je vins à les chérir. Mais voilà qu'à présent vous vous interrogez, disant : « Quand donc avons-nous crié à l'aide ? Qui de nous s'est plaint ? » En vérité, le jour vos esprits gémissent et la nuit vos cœurs anxieux appellent au secours. Seulement vous n'en avez pas conscience. Vous êtes pareils au moribond qui n'entend pas le râle sortant de sa poitrine — ne l'entendent que ceux qui l'entourent. Vous êtes tels l'oiseau abattu qui tournoie en une danse folle, à son insu. »

« A quelle heure du jour vos esprits s'arrêtent-ils de soupirer ? Est-ce à l'aube quand la vie bien-aimée vous réveille, retirant de devant vos yeux le voile du sommeil, et que vous allez aux champs pareils à des esclaves ? Est-ce au milieu du jour, quand voulant vous asseoir à l'ombre pour vous protéger de l'ardeur du soleil, vous ne le pouvez ? Est-ce au soir quand, revenant affamés à vos chaumières, vous n'y trouvez que pain rassis et eau croupie ? Est-ce la nuit tombée quand, harassés, vous vous jetez sur vos couches dures comme la pierre, mais n'y dormez que d'un sommeil agité — la voix du cheik retentissant encore à vos oreilles ? »

« En quelle saison le chagrin de vos cœurs ne vous fait-il pas geindre ? Est-ce au printemps, quand la nature se pare de son doux manteau de verdure et que vous allez à sa rencontre vêtus de haillons ? Ou bien est-ce dans l'été, à la moisson, quand vous remplissez jusqu'au bord les silos de votre seigneur et maître mais ne recevez pour rétribution que paille et balle ? Est-ce à l'automne, aux vendanges, quand le raisin pressé, l'on ne vous donne que vinaigre et quelques poignées de glands ? Ou bien est-ce dans l'hiver quand, assaillis par les éléments et le froid, vous vivez repliés en vos masures enfouies sous la neige ? Quand, recroquevillés devant l'âtre, vous écoutez dans la crainte les hurlements de la tempête ? »

« C'est cela votre vie, ô miséreux frères. Elle se passe dans l'ombre de la pauvreté et de la misère, tandis qu'en vos âmes infortunées règne l'obscurité. Voilà en quelles circonstances vos êtres intimes crient d'angoisse. A les entendre, je me suis éveillé et rebellé contre les moines et leur mode de vie. Hélas ! j'étais seul à me plaindre en votre nom et en celui de la justice, qui souffre de vous voir souffrir. Alors, ils m'ont traité de mécréant et jeté hors du monastère. En ce village où j'ai échoué, mon dessein était de partager votre infortune et de mêler mon sang au vôtre. Or, voici que mains liées vous m'avez remis entre les mains de votre puissant ennemi, du ravisseur de vos biens qui, grâce à eux, vit dans le luxe et qui se repaît des fruits de votre labeur. N'y aurait-il pas parmi vous quelques vieillards à se souvenir du temps où les champs que vous cultivez sans en récolter les fruits étaient leurs ; à savoir que le père du cheik Abbas les leur a arrachés par la force en gravant la loi au fil de son épée ? Personne ne vous a donc dit que les moines ont dépossédé vos ancêtres de leurs terres et de leurs vignes le jour où les prêtres imprimèrent les versets sacrés sur leurs lèvres ? Ne savez-vous pas que si le clergé et les gouvernants ont pu conspirer de concert votre ruine, c'est en s'appuyant sur votre soumission et votre humilité ? En s'appropriant de la sève de vos corps ? Y a-t-il parmi vous un seul homme à qui le prêtre n'ait pas fait courber l'échine devant le maître de vos champs ? Une seule femme que celui-ci n'ait pas apostrophée et obligée à obéir aux volontés du prêtre ? »

« Notre Seigneur a dit à Adam : *« Tu mangeras ton pain à la sueur de ton front. »* Lors, de quel droit le cheik Abbas mange-t-il un pain pétri avec la sueur de vos fronts et boit-il un vin coupé de vos larmes ? Dieu l'aurait-il privilégié, l'établissant maître alors qu'il était dans le ventre de sa mère ? Aurait-il voulu vous punir pour des péchés non commis ? Vous aurait-il fait venir au monde pour le labeur seulement ? Vous connaissez ces paroles de Jésus le Nazaréen à ses disciples : *« Librement tu reçois ; librement il te faut donner. Ne veuille posséder ni or ni argent. »* Lors, sur quel enseignement s'appuient les moines quand ils vendent leurs prières pour de l'or ou de l'argent ? Dans le silence des nuits vous priez ainsi : « Seigneur, donne-nous notre pain quotidien. » Et le Seigneur, exauçant votre requête, vous donne des terres qui vous procurent le pain et tout ce qui vous est nécessaire. Mais, autorise-t-il les moines à vous arracher vos moyens d'existence ? Vous maudissez Judas pour avoir vendu son Maître contre quelques deniers, pourtant bénissez ceux qui Le vendent en chaque jour de leur vie. Pourquoi ? Judas s'est repenti avant d'aller se pendre. Vos oppresseurs, à l'inverse, continuent de marcher en votre sein la tête haute, parés de magnifiques robes et de bijoux. Vous instruisez vos enfants dans l'amour du Nazaréen mais leur enseignez aussi l'obéissance à ceux qui Le haïssent et violent Ses lois et Son enseignement. Vous savez que les apôtres du Christ se sont fait lapider afin que l'Esprit-Saint descende sur les hommes, cependant semblez ignorer que les prêtres et les moines étouffent votre intelligence pour mieux pouvoir jouir de vos richesses. Qu'y a-t-il donc de séduisant à l'humilité et à la misère pour que vous vous prosterniez devant une image qui maintient son prestige par la terreur, et grâce au mensonge et à la fausseté ? Quel inestimable trésor pensez-vous préserver ainsi, que vous laisseriez en héritage à vos enfants ? »

« Vos âmes sont entre les griffes de prêtres ; vos corps sont esclaves de gouvernants ; vos cœurs habitent les régions obscures de la souffrance et du désespoir. Vers quoi pouvez-vous pointer un doigt et dire : « Ceci m'appartient ? » Savez-vous, ô captifs sans forces, qui est le prêtre que vous craignez et avez érigé en gardien des saints secrets de vos âmes ? Ecoutez-moi, et je vous révélerai la vérité que vous avez peur de mettre à nu. Il est un traître : les disciples du Christ lui ont confié le Livre, et il en a fait un piège. Il est un hypocrite : les fidèles l'ont pourvu d'un crucifix qu'il brandit au-dessus de leurs têtes pareil à une épée. Il est un oppresseur, demandant aux fidèles de lui tendre le cou qu'il enserre d'un licou, dont il ne les délivrera qu'au jour où la mort les viendra briser. Il est comparable à un loup vorace déguisé. Il s'introduit dans un enclos et le pasteur, qui le confond avec un de ses moutons, s'endort paisiblement. Mais lui, dès la tombée de la nuit foncera sur le troupeau qu'il décimera. Il est un goinfre, préférant les mets délicieux à l'hostie ; un lâche qui irait chercher un liard jusque dans la grotte du génie. Il boit le sang de ses congénères, aussi avidement que les sables arides les gouttes de pluie. Il est un avare, soucieux de réduire ses dépenses au strict nécessaire, mais aussi d'amasser des trésors. Il est un escroc qui, s'étant insinué dans une demeure, ne la quittera qu'une fois en ruines ; un criminel sans vergogne qui vole le denier de la veuve et de l'orphelin. Parmi les humains, quelle curieuse créature ! On lui voit un bec de vautour, des griffes de panthère, des crocs d'hyène et une langue de vipère.

« Arrachez-lui le Livre des mains, déchirez ses vêtements, tirez-lui la barbe, il n'en aura cure pourvu que vous lui glissiez dans la main une pièce. Il ira même jusqu'à vous pardonner et vous gratifier d'un sourire de reconnaissance. Souffletez-le, crachez-lui au visage, piétinez-le, peu importe si ensuite vous l'invitez à votre table. Il en sera réjoui au point d'oublier votre affront. Blasphémez le nom du Seigneur, diffamez sa religion, raillez sa foi ; il ne vous tiendra aucunement rigueur, dès lors que vous lui donnez en présent une jarre de vin ou une corbeille de fruits. Qui plus est, il fera votre éloge. »

« Voit-il une femme ? Il détourne aussitôt la tête, criant à son adresse : « Loin de moi, fille de Babylone ! », bien qu'à part soi il murmure : « De pouvoir assouvir ses désirs est certes mieux que d'avoir à les laisser insatisfaits. » Aperçoit-il des jeunes gens et des jeunes filles qui ensemble vont comme en un cortège d'amour ? Les bras levés au ciel il se met à clamer : « Vanité des vanités, tout n'est que vanité » puis, dans sa barbe, il chuchotera avec regret : « Que n'a-t-on aboli les coutumes et les traditions qui m'exilent des joies de la vie et me refusent les plaisirs de l'existence ! » Du haut de sa chaire, il exhorte les fidèles à ne point juger, de crainte de l'être en retour. Or, cela ne l'empêche pas de juger avec sévérité quiconque blâme sa conduite, lui souhaitant de connaître l'enfer avant même la mort. Il fait mine d'avoir l'esprit occupé par les choses célestes, pourtant ses pensées rôdent autour de vos bourses. Il vous appelle « mes enfants » sans éprouver pour vous une once d'amour paternel. Il vous dit, la tête baissée en un geste de résignation : « Soyons détachés des choses terrestres, car nos vies telles des brumes se disloqueront et nos jours ont l'irréalité des ombres. » A y regarder de près cependant, vous vous apercevez qu'il est attaché à l'existence et aux apparences ; qu'il déplore la fugacité de l'instant et attend dans la crainte le lendemain. Il vous demande la charité, malgré son abondance de biens et votre pauvreté. Si vous allez à lui les mains pleines, il vous reçoit avec force bénédictions ; dans le cas contraire, il vous maudit en silence. Au temple, il vous exhorte à secourir les indigents et les malheureux. Or, devant sa demeure le peuple crie sa faim et les mains infortunées se tendent sans qu'il entende ou voie. Ses prières vendues contre argent sonnant ne les achetez-vous pas, qu'il vous soupçonne aussitôt d'être l'ennemi de Dieu et de Ses prophètes et vous dénie l'accès à la félicité éternelle. »

« Tel est, ô disciples de l'Oint, le vrai visage de la créature qui vous terrifie, le prêtre qui aimablement se repaît de votre sang. De la main droite il se signe, tandis que de la main gauche il vous tient sous sa coupe. Il est censé être votre serviteur et s'est haussé au rang des maîtres ; vous le prenez pour un saint alors qu'il est pareil à un démon. Vous le considérez comme un berger et il agit en tyran. Nuit et jour son ombre vous hante — dès l'heure de votre naissance jusqu'à votre retour à l'infini. En ce soir, son dessein est de m'insulter et de me juger, pour m'être rebellé contre les ennemis de Jésus le Nazaréen qui, vous aimant ainsi que des frères et des sœurs, a accepté la crucifixion. »

La face de Khalil était radieuse. Il sentait l'éveil gagner l'esprit de ses auditeurs et sur leurs visages il distinguait l'empreinte laissée par ses paroles. Fort de cette constation, il éleva d'un ton sa voix et poursuivit en ces termes : « Mes frères et mes sœurs, le cheik Abbas disait que l'émir Amin El-Shehabi l'a désigné comme seigneur de ce village, et que le calife a nommé l'émir gouverneur du Mont-Liban. Le mandat qui atteste cette charge vous ne le pouvez voir mais, en l'intimité de vos cœurs, vous en pressentez l'existence. C'est pourquoi, à genoux, vous priez, disant : « Notre Père qui es aux Cieux. » Car c'est bien votre Père céleste qui, étant omnipotent, investit les rois et les princes dans leurs pouvoirs. Néanmoins, comment se persuader que votre Père, qui vous aime et vous instruit dans la vérité grâce à Ses prophètes, envoie sur vous le malheur et l'oppression ? Pensez-vous réellement que Dieu, qui commande à la pluie — ayant à cœur de faire germer les graines et de les faire pousser jusqu'à maturité, d'amener les fleurs à l'éclosion — veuille qu'on vous affame et vous méprise, à seule fin de satisfaire l'orgueil d'un cheik ? Pensez-vous que l'Esprit éternel qui inspire à vos cœurs amour, tendresse et compassion, placerait sur le trône un despote qui vous opprime et vous asservit ? Que la loi éternelle, qui est amour de la transparence, puisse déléguer sur terre un être qui vous enseigne d'aimer au contraire les ténèbres ? Pensez-vous que la nature vous a dotés de corps vigoureux pour les faire ployer devant un être impuissant ? »

« Non, vous ne pouvez croire tout cela, sinon vous douteriez de la justice de Dieu et désespéreriez de la vérité inscrite en chacun de nous. Qu'est-ce alors qui vous empêche de réagir aux choses si détestables à vos esprits ? Pourquoi au lieu d'accomplir la volonté de Dieu, qui en ce monde vous a placés libres, acceptez-vous d'être les sujets de ceux qui s'opposent à Sa loi ? Pourquoi levez-vous les yeux vers le Tout-Puissant, l'appelant « Père » et en même temps courbez l'échine devant un simple mortel, l'appelant « Maître » ? Le destin des enfants de Dieu serait-il d'être esclaves d'un homme ? Pour Jésus vous êtes des frères et des sœurs ; pour le cheik Abbas vous n'êtes rien autre que des serviteurs. Jésus vous libère par l'esprit et la vérité ; l'émir, lui, vous enchaîne par l'humiliation et la subordination. Jésus illumine vos cœurs et pourtant vous vivez dans les ténèbres. Si Dieu vous a accordé la vie, c'est assurément pour que vous croissiez en connaissance et en beauté, par la découverte de ses secrets. Or, que faites-vous de la connaissance ? Vous l'enfouissez sous un tas de cendres où elle suffoque. Dieu vous a pourvus d'ailes en sorte que vous puissiez rejoindre le royaume de l'amour et de la liberté. Or, voici que vous les avez coupées et restez à ramper à la manière de vers. Dieu a déposé en vos cœurs la semence du bonheur, mais vous l'avez jetée en pâture aux corbeaux ou bien laissez au vent le soin de la disperser. Dieu vous a gratifiés de fils et de filles afin que vous leur indiquiez le chemin de la vérité et leur emplissiez le cœur des chants de la vie ; que vous leur transmettiez la joie de vivre — cet héritage inestimable. Pourtant, vous restez inertes, les laissant être ballotés par le hasard. Et ils sont comme des étrangers dans le pays qui les a vus naître, comme des créatures désespérées à la face du soleil. Le père qui abandonne à l'esclavage son fils né libre est celui-là même qui lui donne à manger des pierres en guise de pain. N'avez-vous pas remarqué comment les oiseaux du ciel apprennent à voler à leurs couvées ? Pourquoi, au lieu de suivre leur exemple, exercez-vous vos enfants à se traîner avec des fers et des chaînes ? N'avez-vous point vu les fleurs de la vallée déposer leur semence dans la terre chaude ? Que ne faites-vous comme eux, au lieu de les laisser végéter dans l'obscurité et la froidure ? »

Ayant ainsi parlé, Khalil se tut un instant. Ses pensées et sentiments étaient si perceptibles dans l'atmosphère de la salle, qu'en fait ils ne nécessitaient pas de plus ample expression. Dans un chuchotement il conclut :

« Les paroles que vous venez d'entendre sont précisément celles qui ont causé mon renvoi du monastère, et l'esprit que vous avez senti remuer en vos cœurs celui qui a provoqué mon arrestation. S'il plaisait au seigneur de vos champs et au prêtre de votre église de m'anéantir, je mourrais dans l'allégresse. Car, en vous révélant la vérité — ce qui est crime au regard des tyrans — j'ai accompli en vérité la volonté du Créateur. »

La voix cristalline de Khalil avait acquis des accents magiques, si bien que les villageois s'en trouvaient émerveillés. Ils étaient comme des aveugles qui, soudain, se mettraient à voir. A entendre cette voix, l'esprit des femmes vibrait et leurs yeux s'emplissaient de larmes. Le cheik Abbas et le Père Ilyas, à l'inverse, frémissaient d'indignation. Ils eussent voulu imposer le silence à Khalil mais la force divine qui l'animait les réduisait à l'impuissance.

Khalil recula de quelques pas, allant se placer entre Rachel et Myriam. Un profond silence tomba. L'esprit de Khalil imprégnait la salle tout entière. Il paraissait attirer irrésistiblement l'âme des villageois en des régions lointaines, enlevant ainsi au cheik et au prêtre toute capacité de pensée et de volition, les faisant trembler devant leur conscience perturbée.

Le cheik, à la fin, se leva néanmoins, le visage livide, les traits défaits. De sa voix rauque, il cria à l'adresse des hommes debout autour de lui : « Que donc se passe-t-il, fils de chiens ! Vos cœurs seraient-ils intoxiqués et la vie en vos corps figée au point de ne pouvoir plus vous précipiter sur ce mécréant ? L'esprit de ce méchant aurait-il tant séduit vos âmes et ses pouvoirs diaboliques enchaîné vos bras, que vous ne le puissiez plus anéantir ? »

Ayant ainsi dit, il se mit à marcher d'un pas ferme sur Khalil, l'épée au poing. Mais, aussitôt, un homme robuste se détacha de la foule et, lui barrant le chemin, dit avec pondération :

« Maître, rengaine ton épée, car quiconque tue par l'épée périra par elle. »

Le cheik lâcha en tremblant son arme. Néanmoins il hurla : « Depuis quand le serviteur s'oppose-t-il aux ordres de son maître et bienfaiteur ? » L'homme se contenta de lui répliquer : « Il n'est de loyal serviteur qui accepte de s'associer à son maître dans le mal. Ce que le jeune homme a dit n'est que vérité. » Un autre s'avança, disant : « Rien de ce qu'il a dit ne vaut qu'on le juge ou le persécute. » Ailleurs dans la foule, la voix d'une femme s'éleva : « Il n'a ni abjuré sa foi ni blasphémé le nom de Dieu. Il n'est donc en aucun cas hérétique. » Là-dessus, Rachel s'enhardit à son tour et parla en ces termes : « Le vrai, c'est que Khalil s'est plaint au nom de nous tous, si bien que quiconque lui veut du mal devient notre ennemi. » En entendant ces mots, le cheik Abbas grinça des dents et s'écria : « Ainsi toi, la femme déchue, tu oses te rebeller aussi ? Aurais-tu donc oublié le sort de ton mari après sa révolte, il y a cinq ans ? »

Ces paroles arrachèrent à Rachel des cris de douleur. Elle tremblait à la manière de quelqu'un qui découvre soudain un abominable secret. Et, se tournant vers la multitude, elle dit d'une voix forte : « Avez-vous entendu le meurtrier qui dans sa colère avoue son crime ? Vous vous rappelez mon mari qui fut assassiné dans un champ ? Rien d'étonnant à ce que vous ayez cherché le coupable en vain : il se retranchait derrière les murs de son palais. Mon mari était un homme courageux. Vous l'avez tous entendu dénoncer le vil comportement du cheik et condamner ses actes ; vous l'avez vu s'insurger contre sa cruauté. En ce jour, le Ciel vous dévoile le meurtrier de votre voisin et frère ; il est là devant vous. Regardez-le attentivement, vous verrez son crime inscrit sur sa face blême. Mesurez sa peur et son mal être. Il cache son visage dans ses mains, tant il craint de rencontrer vos regards. Voyez le puissant maître agité tel un roseau fragile ; l'homme fort aussi farouche qu'un esclave dévoyé. A présent, Dieu révèle le vrai visage de l'homme que vous craignez ; il met à nu le vil esprit qui m'a rendue veuve et ma fille orpheline. »

Quand Rachel eut fini de haranguer ainsi la multitude, le cheik se tenait interdit, comme frappé par la foudre. Le prêtre alors se leva et, lui prenant le bras, le fit se rasseoir. D'une voix stridente, il jeta cet ordre aux serviteurs : « Emparez-vous sans tarder de cette femme qui ose accuser à tort votre maître ; mettez-la dehors. Quant à cet hérétique, enfermez-le dans un sombre cachot. Tout opposant sera considéré comme le complice du Malin et, en tant que tel, excommunié de notre Sainte Eglise. »

Mais les serviteurs firent mine de ne pas entendre, et restèrent sans bouger. Leurs yeux allaient de Khalil à Rachel et de Rachel à Myriam qui, l'une à sa droite, l'autre à sa gauche, paraissaient comme deux ailes éployées, prêtes à fendre l'air.

Le prêtre qui tremblait de rage dit alors : « Renieriez-vous, ô ingrats, votre généreux et bienveillant seigneur pour un hérétique et une femme menteuse ? » Là-dessus, le plus vieux des serviteurs lui rétorqua : « Nous avons pour sûr servi le cheik Abbas contre nourriture et gîte, mais jamais n'avons été ses esclaves. » Ayant dit, il ôta son turban et son manteau et, les jetant au pied du cheik, enchaîna : « Je ne porterai pas un instant de plus cette livrée, tant je crains de ne pouvoir trouver de repos en ce lieu de crimes. » Les autres serviteurs suivirent aussitôt son exemple et, l'un après l'autre, allèrent se mêler à la multitude, la joie de l'affranchissement et de la liberté dansant en leurs yeux.

En voyant leur détermination, le Père Ilyas comprit qu'il venait de perdre son autorité. Et il se retira sans délai, maudissant l'heure où Khalil était arrivé au village.

Dès après, un des villageois s'avança et défit la corde qui entravait les mains de Khalil. Il jeta un regard sur le cheik, affalé comme mort dans son siège et, d'une voix résolument forte, lui dit : « Ce jeune homme que tu as fait amener ligoté en ton palais, pour le juger ainsi qu'un criminel, a éclairé nos cœurs obscurcis et mené nos pas au chemin de la vérité et de la connaissance. Et cette veuve, prétendûment impudique et menteuse, nous a dit l'horrible secret que pendant cinq ans elle a tu. Nous avons accouru ici et avons failli assister au jugement d'un innocent et à la persécution d'un juste. Mais, nos yeux se sont ouverts à temps, nous révélant ta culpabilité et ton iniquité. A présent, nous te laissons à ta solitude. Nous nous détournons de toi, priant le Ciel qu'il fasse de toi ce qu'il lui plaira. »

Dans la salle, des voix d'hommes et de femmes s'élevèrent de toutes parts. Ici l'on entendait crier : « Quittons ce lieu de péchés et de crimes. » Là ces mots fusaient : « Suivons Khalil jusqu'à la demeure de Rachel ; écoutons ses propos de sagesse et de réconfort. Ailleurs l'ont criait : « Acquiesçons aux vœux de Khalil, car mieux que quiconque il sait nos besoins. » Et ailleurs encore : « Il faut que justice soit faite. Aussi, dès demain, nous irons trouver l'émir Amin-El-Shehabi pour lui rapporter l'infâme conduite du cheik Abbas et demander son châtiment. » Plus loin, dans la multitude, quelqu'un criait : « Demandons à l'émir qu'il désigne Khalil comme maître de notre village. » Et un autre ajoutait : « Allons chez l'évêque nous plaindre de ce que le Père Ilyas est complice de tous les actes du cheik. »

Tout ce tumulte de voix atteignait le cœur du cheik comme des flèches. Alors, Khalil leva la main en priant la multitude de faire le silence. Il leur dit : « Mes frères et mes sœurs, ne soyez point en hâte. Voyez et entendez plutôt. Au nom de l'amour que je vous porte, je vous déconseillerai d'aller trouver l'émir. Il ne vous rendra pas justice, les bêtes sauvages ne se mangeant pas entre elles. N'allez pas non plus vous plaindre du prêtre auprès de son chef hiérarchique. Il sait, en effet, qu'un édifice fissuré ne tardera pas à s'écrouler. Enfin, ne cherchez pas à convaincre l'émir de me désigner comme seigneur de votre village, car le serviteur fidèle que je suis répugnerait à devenir un mauvais maître. Si vous estimez que je mérite votre bienveillance et votre amour, souffrez que parmi vous je reste à partager vos joies et vos peines, votre labeur dans les champs et votre repos dans les masures. Car, de n'être pas l'un de vous équivaudrait pour moi à prêcher la vertu tout en pratiquant le mal. Mais, maintenant que j'ai tué un mal à sa racine, partons : laissons le cheik seul devant le tribunal de sa conscience et devant Dieu dont le soleil brille indifféremment pour les bons et les méchants. »

Ayant ainsi parlé, il quitta le palais et la multitude le suivit, comme aspirée par sa force d'attraction.

Le cheik se retrouva seul en son palais, ainsi qu'en une tour ruinée, se lamentant comme après une terrible défaite.

Lorsque la multitude atteignit le presbytère, la lune s'était levée, dispensant ses rayons argentés dans le ciel. Khalil alors se retourna. Et quand il vit les regards des hommes et des femmes fixés sur lui, à la manière d'yeux de brebis sur leur berger, il en fut ému. De fait, il discernait en eux la marque de l'oppression et en leurs masures enfouies sous la neige un signe de résignation à la misère et à l'humiliation. Tel un prophète il se mit à écouter les lamentations des âges. Sa physionomie changea ; ses yeux s'ouvrirent tout grands comme si devant eux défilait le long cortège des peuples opprimés, les pieds entravés par les chaînes de la servitude.

Alors, levant les bras vers le ciel, il fit cette invocation : « O Liberté, du fond de notre abîme nous t'appelons, prête ton oreille à nos cris. Dans l'obscurité, nos bras se tendent vers toi cherchant à attirer ton regard. Sur ces étendues enneigées nous nous prosternons et implorons ta pitié. Devant ton redoutable trône nous nous tenons, vêtus des habits de nos ancêtres maculés de leur sang, le chef couvert de leurs ossements redevenus poussière ; ceints des épées qui leur furent enfoncées dans la gorge ; tenant haut les lances qui leur déchirèrent la poitrine ; traînant à nos pieds les chaînes pesantes qui ralentissaient leur marche ; jetant le cri qui blessait leurs gorges et les lamentations qui se brisaient sur les murs lugubres de leurs prisons ; disant les prières qui sortaient de leurs poitrines affligées. Prête ton oreille, ô Liberté, et entends-nous ! »

« De la source du Nil à l'embouchure de l'Euphrate montent les gémissements des peuples de l'abîme. Des coins les plus reculés de l'Arabie jusqu'aux montagnes du Liban des moribonds tendent vers toi des mains suppliantes. Des rivages du golfe à la lisière du désert, des yeux débordants de larmes se lèvent vers toi. Viens, ô Liberté, et sauve-nous. »

« Dans nos masures, auxquelles font ombre la pauvreté et l'avilissement, nous nous tenons nus devant toi. Dans nos demeures obscurcies par l'ignorance, nos cœurs s'épanchent. Dans les coins de nos habitations où se tapit l'ombre de la fausseté et de la tyrannie, nos âmes sont prosternées. Daigne poser tes yeux sur nous, ô Liberté, nous t'en conjurons. Dans les écoles et autres lieux d'apprentissage, une jeunesse désespérée t'invoque, et dans les églises et les mosquées le Livre oublié t'attend. Dans les tribunaux, la loi — depuis si longtemps piétinée — crie à l'aide. Prends pitié, ô Liberté, et délivre-nous. Dans nos ruelles étroites les marchands vendent leurs jours, cédant leurs gains à des voleurs, et il n'est personne pour les conseiller. Dans nos champs désolés, les paysans remuent la terre de leurs mains, l'ensemencent avec les graines de leurs cœurs, étanchent sa soif avec leurs larmes, ne recevant pour salaire que des épines, et personne n'est là qui les instruit. Dans le désert, les bédouins marchent nus et affamés, et personne n'est là pour compatir à leur sort. Parle, ô Liberté, et dispense-nous ton enseignement. »

« Depuis l'aube des temps la nuit étend sur nous ses ténèbres. Quand donc viendra enfin le jour ? De prison en prison nous sommes jetés, tandis que passent les siècles en se raillant. Jusques à quand nous faudra-t-il endurer leurs railleries ? Sous des jougs toujours plus lourds nos échines ploient, tandis que de loin les peuples nous observent avec des ricanements. Combien de temps encore sommes-nous condamnés à les entendre ? Nos pieds se traînent, lourds de chaînes ; elles sont solides et nous-mêmes ne périssons pas. Jusques à quand devrons-nous ainsi survivre ? »

« Après le joug de l'Egypte et l'exil à Babylone, après la cruelle Perse et la servitude infligée par la Grèce, après la tyrannie de Rome et l'avidité de l'Europe, quelle autre calamité nous attend ? Quand verrons-nous la fin de notre sentier rocailleux ? Oui, après l'empire de Pharaon, les griffes de Nabuchodonosor, la poigne d'Alexandre, l'épée d'Hérode et le talon de fer de Néron, entre quelles mains sommes-nous destinés à tomber ? Quand donc la Mort nous emportera-t-elle, nous accordant le repos dans le néant ? »

« A la force de nos bras nous avons érigé les colonnes des temples dédiés à tous leurs dieux. Sur nos bras nous avons transporté le mortier et la pierre des murs et des tours qui assuraient leur défense. Par la force de nos corps les pérennes pyramides ont été construites. Jusques à quand devrons-nous construire des palais et des villes, et nous-mêmes n'habiter que des masures ? Remplir les greniers et calmer notre faim à l'aide de rebus ? Jusques à quand devrons-nous tisser des habits de soie et nous-mêmes courir en haillons ? A cause de leur méchanceté et de leur perfidie les familles sont divisées, les communautés s'affrontent ainsi que les tribus. Combien de temps encore resterons-nous dispersés à la manière de grains de poussière ? Pour mieux préserver leurs couronnes et la paix à leur esprit, ils ont armé les Druses contre les Arabes et fait lever les Chiites contre les Sumites ; ils ont encouragé les Kurdes à massacrer les Bédouins et instigué les Musulmans à se quereller avec les Chrétiens. Jusques à quand les frères continueront-ils de s'entre-tuer devant les yeux des mères éplorées ? Jusques à quand la Croix restera-t-elle séparée du Croissant (1) à la face de Dieu ? »

1. Le Croissant dont il s'agit figurait sur le drapeau mahométan qui flottait en terre syrienne au cours du règne ottoman.

« Prête l'oreille, ô Liberté ; entends-nous, mère de tous les peuples, et abaisse ton regard sur nous. Parle-nous un langage accessible, ne fût-ce qu'à l'un de nous, car il n'est besoin que d'une seule étincelle pour allumer un grand feu. Que le bruit de tes ailes réveille, ne fût-ce que l'esprit de l'un d'entre nous, car le choc de deux nuages suffit à faire jaillir l'éclair qui traverse la voûte du firmament de part en part. Disperse ces sombres nuages et descends, pareille à la foudre, pour renverser ces trônes faits des ossements de nos ancêtres. »

« Entends-nous, ô Liberté ;
Prends pitié de nous, ô fille d'Athènes ;
Sauve-nous, ô sœur de Rome ;
Délivre-nous, ô compagne de Moïse ;
Viens à notre secours, ô bien-aimée de Mohammed ;
Instruis-nous, ô épousée de Jésus.
Conforte nos cœurs,
Que nous vivions ;
Ou bien fortifie le bras de nos ennemis,
Que nous périssions
Et trouvions le repos dans le sommeil éternel. »

Tout le temps que Khalil resta à invoquer les Cieux, les paysans le fixèrent et, à entendre sa voix mélodieuse, ils sentirent monter l'amour au-dedans d'eux ; leurs esprits vibraient au rythme du sien et leurs cœurs battaient en accord avec le sien. En cette heure, il semblait qu'il leur fût aussi indispensable que la vie à leurs corps. Après un instant de silence, les yeux de Khalil se fixèrent sur la multitude et, d'une voix lente, il leur dit : « La nuit nous a réunis dans la maison du cheik Abbas pour nous révéler la lumière ; et l'oppression nous a conduits sous ce ciel glacé et étincelant d'étoiles afin que, grâce à la compréhension, nous nous blottissions ainsi que des oisillons sous les ailes de l'Esprit éternel. A présent, il est temps pour chacun d'aller rejoindre sa demeure pour y reposer son corps. »

Là-dessus, il s'éloigna, suivant Rachel et Myriam à leur masure. La multitude se dispersa, chacun songeant à ce qu'il avait entendu, chacun sentant en lui la caresse d'une vie neuve.

En moins d'une heure toutes les lampes furent éteintes. Le silence avait fini de tisser son voile au-dessus du village, et les rêves accaparèrent l'esprit des paysans. Seul le cheik Abbas veillait. Entouré des fantômes nuitaux, il évoquait en tremblant ses crimes.

8

Deux mois s'écoulèrent et Khalil n'était pas las de déverser ses pensées intimes dans le cœur des villageois. Pas un seul jour ne se passait sans qu'il leur parlât de leurs droits usurpés, du mode de vie des moines avides, sans qu'il leur rapportât une anecdote de la vie de leurs tyrans. De la sorte se forgeait entre eux et lui un lien indestructible. Ils accueillaient ses paroles dans le ravissement, ainsi que la terre aride la pluie. De retour en leurs cabanes ils se répétaient ses mots à voix basse, s'imprégnant l'âme de leur signification ainsi que d'amour manifesté. Ils ne se souciaient plus aucunement du Père Ilyas qui, d'ailleurs, était aussi malléable que la cire, lui qui, auparavant, avait la dureté du granit.

Le cheik Abbas, quant à lui, était affligé d'une maladie mentale. Il usait ses jours à arpenter les salles de son palais à la manière d'un tigre en cage, sans cesse appelant ses serviteurs d'une voix forte, mais ne recevant en écho que le son de sa propre voix. Il criait qu'on vînt à son secours et nul être ne se présentait, si ce n'est sa femme qui seule supportait encore sa cruauté. Mais, quand vint le mois de Lent, et avec lui l'annonce du printemps, les jours du cheik prirent subitement fin. Il mourut dans l'anxiété et la terreur. Portée par le tapis de ses actes, son âme vola, en toute nudité jusque devant ce trône que nous ne voyons pas, mais dont nous pressentons l'existence.

Multiples et variées étaient les opinions des villageois sur la mort du cheik. Certains affirmaient qu'il était mort des suites de sa folie. D'autres prétendaient que son autorité déchue lui ayant inculqué le poison du désespoir, il avait mis fin à ses jours. Les femmes, elles, qui allèrent conforter son épouse, disaient qu'il était mort de peur et d'effroi, parce que, à l'heure de minuit, il voyait régulièrement se dresser devant lui le fantôme de Sam'an El-Rami qui, dans ses vêtements maculés de sang, l'emmenait de force au champ où il avait été assassiné.

Puis vint le mois de Nissan qui révéla au village entier l'amour qui unissait Khalil et Myriam. N'ayant plus à craindre de séparation, leurs faces resplendissaient de joie et leurs cœurs dansaient d'allégresse. Tous deux allaient chez les uns et les autres, et chacun se réjouissait à l'idée de rester leur voisin.

Et, au temps de la moisson, les paysans s'en furent aux champs, chacun récoltant selon ses besoins. Les masures regorgeaient de blé et de fruits, de vin et d'huile. Khalil, pour lui, partageait leur labeur et leurs joies. Il les aidait à engranger le blé, à presser les grappes et à cueillir les fruits. Il ne se distinguait en rien de personne, si ce n'est par l'amour et le dévouement.

A partir de cette remarquable année, chaque paysan récolta dans l'allégresse ce qu'il avait semé à la sueur de son front et cueillit dans la joie les fruits des arbres de son verger, les terres étant devenues la propriété de celui qui les cultivait.

Cinquante ans se sont écoulés depuis l'éveil de ce village et, entre-temps, le peuple du Liban s'est secoué de sa léthargie.

Le promeneur qui maintenant fait son chemin parmi les cèdres, s'arrête pour contempler ce ravissant village, niché telle une épousée sur le flanc de la colline. A la place des masures de jadis, il aperçoit de coquettes demeures disséminées dans les champs fertiles et les vergers en fleurs. Si d'aventure ce voyageur s'enquerrait du cheik Abbas auprès d'un villageois, celui-ci lui répondrait, pointant un doigt vers des murs délabrés : « Voilà les restes de son palais et aussi l'histoire de sa vie. » Et s'il s'informait de Khalil, le paysan hausserait les yeux vers le ciel, disant : « Là-haut demeure notre bien-aimé Khalil. L'histoire de sa vie, nos pères l'ont imprimée en lettres étincelantes en nos cœurs et ni les nuits ni les jours ne les pourront en effacer. »

Table des chapitres

La composition et l'impression de cet ouvrage
ont été réalisées par CLERC S.A.
18200 SAINT-AMAND - Tél. : 48-96-41-50
pour le compte des ÉDITIONS DANGLES
18, rue Lavoisier - 45800 ST-JEAN-DE-BRAYE
Dépôt légal Éditeur n° 1549 - Imprimeur n° 4220
Achevé d'imprimer en Janvier 1990

Dans la même collection :

Bhagwan Shree RAJNEESH

LA MÉDITATION DYNAMIQUE

Format 15 × 21 ; 256 pages ; traduit de l'anglais .

Contrairement à ce qui est communément admis, la méditation n'est pas à proprement parler praticable. Elle survient quand vous ne faites rien, quand vous êtes dans l'état de non-faire absolu. Ce que les gens entendent quand ils disent qu'ils méditent est la pratique d'une technique qui, espèrent-ils, les amènera dans l'état propice d'où la méditation peut naître.
Dans cet ouvrage, le maître spirituel hindou Bhagwan Shree Rajneesh propose **une variété de techniques de méditation qui sont particulièrement bien adaptées à l'esprit occidental.** Son souci est d'aider chaque individu à trouver la voie qui lui conviendra le mieux.
« Quand la méditation est, votre vie entière devient une méditation, une célébration... Elle est une invitation à la transformation de soi... Vivre dans l'instant, libre de tout désir, de toute attente, de toute aspiration, c'est vivre en méditation. »

Bhagwan Shree RAJNEESH :
L'ÉVEIL A LA CONSCIENCE COSMIQUE

Format 15 × 21 ; 240 pages ; traduit de l'anglais .

« *L'évolution inconsciente prend fin avec l'homme,* dit Bhagwan. *Avec l'homme commence l'évolution consciente, à condition toutefois qu'il y ait choix dans ce sens de notre part.* »
La vie étant mouvement, la stagnation est impossible : soit nous évoluons, soit nous régressons, en fonction de notre choix. Le choix est inévitable car, ne pas choisir est encore un choix subtil. La plupart des hommes cherchent l'oubli : par l'alcool, les drogues, le travail, le sexe ou la stimulation sensorielle. **Seule une minorité choisit d'entreprendre le voyage pour la conscience supérieure. C'est à elle que s'adresse ce livre.**
Bhagwan commence là où s'arrête la psychologie occidentale. Il va plus loin que Freud, Jung et les connaissances du récent mouvement du potentiel humain. Les questions qu'il aborde ne concernent rien moins que la **création de l'homme nouveau.** Son souci est de créer le climat qui permet l'éclosion de *l'état-de-Bouddha.* « *Mais,* dit-il, *pour que cette éclosion se fasse, il convient de nous accepter en totalité.* »
Il ne faut nier ni le rationnel ni l'irrationnel, ni l'intellect ni les émotions, ni la science ni la religion. L'homme doit avancer librement, avec souplesse, être capable d'aller d'un pôle à un autre. « *La raison doit être éduquée, mais les émotions aussi ; le doute doit exister, mais la foi également. Nous ne pouvons croître qu'en totalité.* »
Les enseignements de Bhagwan ne sont pas destinés à remplir notre esprit de savoir. Ils nous incitent — et nous invitent — **à expérimenter directement ce qui est au-delà des mots ; ils nous conduisent à l'évolution intérieure.**

Dans la même collection :

V.-R. DHIRAVAMSA :

LA VOIE DU NON-ATTACHEMENT Pratique de la méditation profonde selon la tradition bouddhique

Format 15 × 21 ; 184 pages ; traduit de l'anglais.

Nous vivons partagés entre deux perspectives. L'une, immédiate, de la vie quotidienne inlassablement traversée de conflits, de peurs et d'insécurité. L'autre lointaine, mais dont nous avons l'intuition d'un monde transcendantal où tout se confond en une harmonieuse unité. Dans l'intégration de ces deux univers, ce qui nous préoccupe essentiellement est le mode de sa réalisation.
A cet égard, l'ouvrage de Dhiravamsa constitue un guide précieux. Il n'est pas un traité de métaphysique, mais consiste en l'exercice, simple et direct, d'une faculté inhérente à chacun de nous : l'ATTENTION. L'attention, c'est ce qui nous révèle l'ensemble de notre vie mentale et affective, consciente et inconsciente. Mais ce n'est pas tout, elle constitue une véritable thérapeutique de nos maux car, être attentif, c'est accepter dans l'instant tout ce qui se présente dans notre vie, intérieurement et extérieurement, et surtout le comprendre d'un point de vue non fragmentaire. La vision globale et la compréhension, étant facteurs de transcendance, nous permettent d'unifier ces perspectives séparées. C'est dans ce passionnnant univers d'investigation et de libération que nous convie l'AUTEUR.
V.-R. DHIRAVAMSA, d'origine thaïlandaise, a, tout au long de sa vie monastique, étudié la philosophie, les sciences de l'éducation et les religions comparées. Depuis 1964, il remplit les fonctions de Maître en Méditation aux U.S.A. et au Vipassana Meditation Center (Leverington, Angleterre) et de conseiller en psychologie. Depuis 1965, il est l'auteur de 7 ouvrages dont celui-ci est le premier traduit en français.

Mouni SADHU

LA MAITRISE DU MENTAL

Format 15×21 ; 208 pages ; traduit de l'anglais.

Voilà un ouvrage qui porte admirablement son titre : LA MAITRISE DU MENTAL. Par lui, l'adepte sérieux — las des vagabondages inlassables de sa pensée et de la férule que celle-ci exerce sur lui — peut, grâce à quelques séries d'exercices simples et minutieusement décrits, parvenir seul à la parfaite maîtrise de son esprit et de ses émotions.
Ce que nous propose Mouni Sadhu n'est pas seulement un guide pratique — précieux certes — mais aussi, et surtout, une étude de l'homme aux plans mental et émotionnel. L'on ne peut, en effet, pratiquer valablement l'art de la concentration si l'on ignore les mécanismes de la pensée et de l'émotion. Qui plus est, nombre de détails sont primordiaux à connaître, et l'auteur — qui écrit à partir de sa propre expérience — n'a rien laissé au hasard. Enfin, la concentration n'est en principe pas une fin en soi : elle ouvre également les horizons illimités de la méditation et des états supérieurs de conscience. C'est à eux que l'auteur, à la fin, nous fait accéder, à la manière d'un véritable guide spirituel.
Mouni Sadhu est déjà bien connu du public d'expression anglaise par ses écrits et dans plusieurs pays du monde par ses activités spirituelles. Après la théosophie et l'œuvre de Paul Sédir, son attention s'est entièrement tournée vers l'enseignement du Maharshi, dont il n'a pas seulement été le disciple sincère et fervent, mais le propagateur par les groupes de connaissance du Soi qu'il a créés.

__Dans la même collection :__

André PROTIN :

(Ceinture noire d'aikido ; professeur diplômé d'état)

AIKIDO, UN ART MARTIAL, UNE AUTRE MANIÈRE D'ÊTRE

Format 15 × 21 ; 296 pages ; illustré .

L'aikido, art martial originaire du Japon, va bien au-delà du simple art de combat. Son but suprême est de donner à l'être humain l'occasion de retrouver, outre la maîtrise du mouvement, cet état d'équilibre naturel — tant psychique que physique — qui lui permettra l'**harmonisation spontanée de son existence avec la vie cosmique** où, au-delà des apparences, toute est complémentarité, ordre et paix.
Arme de dissuasion par excellence, ses techniques de combat sont essentiellement défensives, et permettent de répondre à toute espèce d'agression. Faisant appel à l'ensemble des aptitudes corporelles et mentales coordonnées et constamment animées par un esprit de NON-VIOLENCE et de PAIX, l'aikido ne vise qu'à neutraliser l'intention agressive de l'adversaire, et cela sans porter atteinte à son intégrité, ni chercher à le détruire ou à l'humilier.
Intelligemment transposé dans le monde présent, cet art martial encore tout imprégné de la tradition chevaleresque japonaise peut — et doit — servir à **réduire toute attitude commune et négative d'opposition, de dualisme, et à envisager l'avenir dans une perspective plus fraternelle et plus humaine.**
Plus qu'un art martial, il s'agit en fait d'une AUTRE MANIERE D'ETRE dans laquelle les actions humaines sont imprégnées, jusque dans le combat, d'altruisme, de bonté et de mieux.

Rüdiger DAHLKE :

MANDALAS : comment retrouver le Divin en soi.

Format 15 × 21 ; 336 pages ; abondamment illustré (135 dessins dont 100 en pleine page) ; traduit de l'allemand.

Le terme « mandala », bien que sanskrit au départ, est employé ici pour désigner les formes qui, dans toutes les cultures humaines et à tous les âges, ont servi à représenter l'ordre universel et les puissances divines. Mais c'est une structure que l'on retrouve aussi bien dans la nature et, en fin de compte, au cœur même de la vie. Tout mandala — toute vie — est issu du centre unique, de l'unité (Dieu, pourrait-on dire) et de là se déploie dans le monde de la manifestation. Les mandalas sont des formes parfaites nous permettant d'accéder à la vision de l'essentiel, à la vision profonde du centre qui est en nous. Rüdiger Dahlke se propose ici de nous faire découvrir ce centre, *notre centre,* de le vivre consciemment. Il nous convie à réintégrer l'unité, à redécouvrir nos racines, notre mandala intérieur, afin que nous puissions mieux croître suivant l'ordre et l'harmonie du cosmos. Les moyens qu'il nous propose sont divers et variés ; le plus saillant consiste toutefois à travailler et à méditer, par le dessin et le coloriage de mandalas, notamment les rosaces médiévales, ces formes parfaites de mandalas propres à notre culture.

Voici donc un livre à vivre et non pas uniquement à lire. En cela, on peut dire qu'il est véritablement original, voire originel et primordial, car il nous ramène de manière concrète à l'origine première de notre être.
« *Si tu orientes ton cœur sur le point unique, plus rien ne te sera impossible.* » (Bouddha.)